Kohlhammer

Der Autor

Andreas Gruschkus ist Diplom-Sozialpädagoge mit einem Aufbaustudium »Erlebnispädagogik«. Nachdem er seit 1986 der Geschäftsführer des *team erlebnispädagogik* war, das er auch mitgegründet hatte, bietet er heute Maßnahmen zum Teambuilding an. Zwischenzeitig hatte er einen Lehrauftrag für Erlebnispädagogik an der Hochschule Darmstadt.

info@teamtrainer.net

Andreas Gruschkus

Abenteuer Team

Wie Kooperation spielend gelingt

Verlag W. Kohlhammer

Dieses Werk einschließlich aller seiner Teile ist urheberrechtlich geschützt. Jede Verwendung außerhalb der engen Grenzen des Urheberrechts ist ohne Zustimmung des Verlags unzulässig und strafbar. Das gilt insbesondere für Vervielfältigungen, Übersetzungen, Mikroverfilmungen und für die Einspeicherung und Verarbeitung in elektronischen Systemen.

Die Wiedergabe von Warenbezeichnungen, Handelsnamen und sonstigen Kennzeichen in diesem Buch berechtigt nicht zu der Annahme, dass diese von jedermann frei benutzt werden dürfen. Vielmehr kann es sich auch dann um eingetragene Warenzeichen oder sonstige geschützte Kennzeichen handeln, wenn sie nicht eigens als solche gekennzeichnet sind.

Es konnten nicht alle Rechtsinhaber von Abbildungen ermittelt werden. Sollte dem Verlag gegenüber der Nachweis der Rechtsinhaberschaft geführt werden, wird das branchenübliche Honorar nachträglich gezahlt.

Dieses Werk enthält Hinweise/Links zu externen Websites Dritter, auf deren Inhalt der Verlag keinen Einfluss hat und die der Haftung der jeweiligen Seitenanbieter oder -betreiber unterliegen. Zum Zeitpunkt der Verlinkung wurden die externen Websites auf mögliche Rechtsverstöße überprüft und dabei keine Rechtsverletzung festgestellt. Ohne konkrete Hinweise auf eine solche Rechtsverletzung ist eine permanente inhaltliche Kontrolle der verlinkten Seiten nicht zumutbar. Sollten jedoch Rechtsverletzungen bekannt werden, werden die betroffenen externen Links soweit möglich unverzüglich entfernt.

1. Auflage 2025

Alle Rechte vorbehalten
© W. Kohlhammer GmbH, Stuttgart
Gesamtherstellung: W. Kohlhammer GmbH, Heßbrühlstr. 69, 70565 Stuttgart
produktsicherheit@kohlhammer.de

Print:
ISBN 978-3-17-045490-3

E-Book-Formate:
pdf: ISBN 978-3-17-045491-0
epub: ISBN 978-3-17-045492-7

Inhalt

Einleitung	**7**
Die Theorie	**15**
Das Team	15
Das Individuum	16
Gruppendynamik	17
Die Rolle des Einzelnen im Team	20
Die Regeln im Team	25
Die Kommunikation im Team	26
Kooperative Abenteuerspiele	35
Gemeinsam erfolgreich?	39
Eins ist sicher: Das Abenteuer	42
Er tut nichts – er will nur spielen?	43
Evaluation	44
Die Praxis	
Teil 1: Die Spiele	**50**
Die Spiele	50
Aufwärmen und Kennenlernen	57
Unsicherheit und Angst	63
Kooperation	73
Entschleunigung	98
Energizer	101
Kommunikation	104
Grenzen der Kooperation	109

Inhalt

**Die Praxis
Teil 2: Material und Technik** **113**

Wissenswertes zu Seilverspannungen an und zwischen
Bäumen 113
Materialien 113
Knoten 120
Statik 122
Baumschutz 125
Obere Umlenkung oder oberen Fixpunkt einrichten 126

Quellennachweise **138**

Anhang **141**

Anhang 1 Verlegeplan der Holzfliesen für »Im Treibsand« 141
Anhang 2 Symbole zum Ausdrucken 142
Anhang 3 Zielscheibe zur individuellen Reflexion 143
Anhang 4 Zielscheibe zur Gruppenreflexion 144
Anhang 5 Rückmeldung 145

Spieleindex **147**

Einleitung

»Gute Fahrt wünscht Ihnen Ihr Team von der Tankstelle!« »Werde Mitglied in unserem Friseurteam!« »Gut beraten von unserem kompetenten Team.« Überall begegneten mir Teams; ich war auf Schritt und Tritt von ihnen umgeben. Warum war ich selbst noch kein Teil eines Teams? Was stimmte nicht mit mir? Oder war ich vielleicht in irgendwelchen Teams, ohne es zu bemerken?

Je länger und intensiver dieses Werben für das Team an sich auf mich einstürmte, desto drängender stellte sich mir die Frage: »Sind das tatsächlich alles Teams oder gibt es vielleicht nur unterschiedliche Definitionen von *Team*?« Ich begann zu recherchieren.

Laut Duden ist ein Team »eine Gruppe von Personen, die gemeinsam an einer Aufgabe arbeiten« (www.duden.de/rechtschreibung/Team). Man kann zusätzlich fordern, dass im Idealfall die gemeinsame Aufgabe allen Teammitgliedern bekannt ist und dass ihre Lösung für erstrebenswert gehalten wird.

Ich zweifele daran, ob ich überall dort, wo Menschen gemeinsam arbeiten, auf ein Team treffe, das die Bedingungen dieser Definitionen erfüllt. Die Menschen, die in unserem Supermarkt die Regale bestücken, halten die Aufgabe, diese möglichst schnell mit Waren zu füllen, persönlich eventuell nicht für besonders relevant. Trotzdem tragen sie einheitliche Kleidung, die sie als Team ausweist. Das Finanzamt sucht auf den von ihnen verschickten Briefumschlägen »Teamplayer«, die dann – jeder für sich – an »ihrem« Arbeitsplatz »ihren« Buchstaben abwickeln. Im Frisiersalon des Friseurteams schneidet der einzelne Friseur seinem jeweiligen Kunden die Haare. Arbeiten in den beschriebenen Betrieben tatsächlich Teams? Und wenn ja: Ist das gut oder schlecht oder wenigstens wichtig? Ist Teamarbeit überhaupt immer und überall der Einzelarbeit vorzuziehen?

Einleitung

Ich erinnere mich an meine Schulzeit. Wir sollten Texte in Gruppen bearbeiten und die Ergebnisse präsentieren. Ich lernte schnell, dass TEAM die Abkürzung für »Toll, ein anderer macht's« ist. Es gab immer einen Mitschüler, der von der Aufgabe beseelt war und sich in seine Gedankengänge ohnehin nicht hineinreden lassen wollte. Ich ließ ihm den Willen, gab ab und zu eine Äußerung dazu, die nicht allzu weit vom Mainstream lag, und ließ mir das Ergebnis der Gruppenarbeit gutschreiben.

Wenn wir im Studium ein Referat in Gruppenarbeit halten sollten, teilten wir die Aufgaben auf; jeder übernahm einen bestimmten Aspekt des Themas. Die einzelnen Teilergebnisse setzten wir dann einfach zusammen. Das Gesamtergebnis war inkonsistent und wirr. Bestimmte Passagen wiederholten sich, wichtige Aspekte fehlten und der Stil änderte sich mehrmals innerhalb des Referats. Oft waren zudem nicht alle Beiträge rechtzeitig fertig, sodass diese Teile – unvollständig wie sie waren – notdürftig eingeflochten werden mussten.

Teamfähigkeit ist offenbar die Schlüsselqualifikation schlechthin. Eine Unternehmensbefragung des Deutschen Industrie- und Handelskammertages aus dem Jahr 2015 zeigt, dass sie unter den Anforderungen an Bachelor-Absolventen an oberster Stelle steht: Für 72 % der Firmen ist sie eine unverzichtbare Eigenschaft eines Bewerbers – weit vor dem Fachwissen (DIHK 2015).

Warum verlangt fast jedes Jobinserat Teamfähigkeit, obwohl niemand so recht erklären kann, was darunter eigentlich zu verstehen ist? Die Mehrheit dürfte sich darüber einig sein, dass man sich nicht rücksichtslos verhalten soll. Darüber hinaus aber ist zu vermuten, dass jeder seine eigene Definition von Teamfähigkeit hat.

Warum wird Teamarbeit auch in allen anderen Bereichen des Lebens für erstrebenswert gehalten? Bestimmt gibt es Bereiche, die ohne Teamarbeit nicht denkbar wären. Man mag die Leistung der Fußballnationalmannschaft unterschiedlich beurteilen. Sicher ist, dass sie ohne eine gewisse Zusammenarbeit im Team schlechter wäre. Andererseits gibt es Bereiche, in denen Teamwork nicht nur keine Vorteile bringt, sondern im Gegenteil eher schädlich ist. Wie würde sich zum Beispiel eine Sinfonie anhören, hätte Mozart sie nicht allein, sondern in einem Team geschrieben?

Eine unüberschaubare Anzahl psychologischer Studien beschäftigt sich mit allen möglichen Faktoren, die Teamarbeit positiv oder negativ beeinflussen. Ich fand aber wenig über die Frage: Warum überhaupt Teamarbeit?

Teamarbeit ist meiner Beobachtung nach nicht an sich der Arbeit Einzelner vorzuziehen; ihr Einsatz orientiert sich an der gestellten Aufgabe. Ihr unreflektierter Einsatz ist nicht sinnvoll, ihr planvoller Einsatz in bestimmten Bereichen schon.

So störend ich die Mantra-gleich vorgetragene Betonung des Teamworks empfinde, so faszinierend scheinen mir die Möglichkeiten der Arbeit in einem Team, das den Namen verdient und in Bereichen eingesetzt wird, in denen es sinnvoll arbeiten kann. Ebenso faszinierend scheinen mir die Möglichkeiten, ein solches Team zu formen.

Trifft man auf ein Team, das tatsächlich gemeinsam und zielgerichtet an Aufgaben arbeitet, muss es zu irgendeinem Zeitpunkt entstanden sein und sich seitdem irgendwie entwickelt haben. Seine Strukturen haben sich entweder durch eigenes Zutun der Teammitglieder entwickelt oder wurden durch andere kluge und verständige Menschen geformt.

Diese Entwicklung vom *ich* zum *wir* soll Gegenstand des vorliegenden Buchs sein. Wie lässt sich aus einer Gruppe von Menschen ein Team formen oder ein bereits bestehendes Team so entwickeln, dass es effektiv und für die Teammitglieder befriedigend arbeitet? Mit anderen Worten: Wie lässt sich ein effektives *Teambuilding* bewerkstelligen?

Gibt man »Teambuilding« in eine Suchmaschine ein, hat man eine Fülle an Beiträgen vor sich, darunter viele kommerzielle Angebote für Teamevents. Die Vorschläge reichen vom gemeinsamen Kochen oder Bowlen bis hin zum Floßbau, sind also breit gefächert, bedienen aber alle die Vorstellung, dass aus einer Gruppe von Menschen ein Team wird, wenn sie nur gemeinsam Spaß hat und sich ihre Mitglieder danach besser verstehen.

Einleitung

In diesem Buch gehe ich der Frage nach, ob das stimmt. Ich untersuche im theoretischen Teil Faktoren, die Teamarbeit zum Erfolg führen. Dabei stelle ich Betrachtungen zu den einzelnen Teammitgliedern an, beleuchte ihre jeweiligen persönlichen Voraussetzungen, ihre Kommunikation innerhalb des Teams, ihre jeweilige Rolle und das Regelwerk, das – ausgesprochen oder unausgesprochen – im Team vorhanden ist. Jede Maßnahme zum Teambuilding muss diese Faktoren berücksichtigen, will sie mehr als ein Event sein, das zwar im Einzelfall durchaus Spaß machen kann, auf die Zukunft des Teams aber nicht unbedingt Auswirkungen hat. Am Schluss jeder Maßnahme steht immer die Frage, ob sie ihre Ziele erreichte. Betrachtungen zur Evaluation stellen auch den Schluss des theoretischen Teils dieses Buchs dar. Um dabei nicht nur theoretische Betrachtungen anzustellen, werden auch praktische Hilfen gegeben.

Anschließend stelle ich eine Methode vor, aus einer Gruppe von Menschen ein Team zu formen oder die Zusammenarbeit in einem bereits bestehenden Team zu verbessern. Sie beruht auf *Kooperativen Abenteuerspielen*, einer Methode der *Erlebnispädagogik*. Dabei werden Gruppen vor schwierige Aufgaben gestellt, die entweder ausschließlich oder zumindest besser im Team zu lösen sind. Die Spieler müssen dazu Fantasie entwickeln, ihre Kenntnisse und Fertigkeiten entdecken und sie gezielt für die Lösungen einsetzen. Diese schwierigen Aufgaben stehen exemplarisch für die schwierigen Aufgaben, die das Team unter Umständen später bewältigen soll, und bieten ein Übungsfeld, in dem die Teilnehmer sich selbst und als Team unter Anleitung und mit anschließender Reflexion ausprobieren und weiter entwickeln können.

Obwohl der Spielgedanke vermuten lässt, dass hier Kinder oder Jugendliche angesprochen werden sollen, ist die vorgestellte Methode altersübergreifend. Natürlich kann man die meisten Spiele etwas abgewandelt auch für diese Zielgruppen einsetzen; letztendlich ist aber das Spiel an sich keine Frage des Alters. Im Spiel kann man neue Strategien für neue Herausforderungen ausprobieren. Nur wer sicher ist, sich nicht mehr auf Neues einstellen zu müssen, kann auf Spiel verzichten.

Einleitung

Mit diesem Buch richte ich mich an Menschen, deren Aufgabe es ist, ein Team zu entwickeln. Das kann in unterschiedlichen Bereichen gefragt sein:

- Personalentwickler kümmern sich unter anderem um die Zusammenarbeit der verschiedenen Abteilungen und Teams in ihren Betrieben. Sie finden in diesem Buch Anregungen, ihre Teams zu stärken, zu formen oder neu auszurichten. Aber auch in kleineren Zusammenhängen, beispielsweise in einzelnen Abteilungen, wirken sich Maßnahmen zur Stärkung der Zusammenarbeit positiv aus. Die Durchführung solcher Maßnahmen müssen Abteilungsleiter oder Personalentwickler nicht selbst in die Hände nehmen; mit der konkreten Umsetzung ihrer Ideen lassen sich externe Fachleute beauftragen. Aber die Analyse der Personalsituation im Betrieb oder der Abteilung und das Wissen um die Möglichkeit, eine positive Entwicklung in die Wege zu leiten, geben den Verantwortlichen ein Werkzeug hierfür in die Hand.
- Im Bereich der Jugendpflege oder im Jugendzentrum kann man mit der hier beschriebenen Methode Gruppen entwickeln. Die Stärkung des Gruppenzusammenhalts lässt sich gerade in einem Alter, in dem Menschen neue Ideen noch willig aufnehmen, hervorragend mit spielerischen Elementen erreichen. Sogar aus Gruppen mit hoher Fluktuation können dadurch Teams entstehen.
- Zur Stärkung von Klassengemeinschaft an Schulen hat das Buch ebenso etwas beizutragen. Gerade der spielerische Zugang zum Thema »Team« und die Kürze der einzelnen Sequenzen (Spiele) bieten der Arbeit des Lehrers oder Schulsozialarbeiters innerhalb und außerhalb des Unterrichts Ansatzpunkte für eine Entwicklung der Klassen.

Dem Lehrer oder dem Schulsozialarbeiter bietet sich im Verlauf der Spiele die Chance, neue und vielleicht verblüffende Eigenschaften und Talente seiner Schüler zu entdecken. Er kann Einblicke in die Welt der Schüler nehmen, die sich ihm ansonsten weniger offen präsentieren: Wie verhalten sich die Schüler bei den Spielen im Vergleich zum Unterricht?

Einleitung

Diejenigen, die sich mit Kommunikation, Gruppendynamik oder Spieltheorie beschäftigen, finden die Ausführungen dazu im Abschnitt »Die Theorie«.

Diejenigen, die dieses Buch als Handwerkszeug zum Teambuilding lesen, finden dazu in den folgenden Abschnitten

- die Spielbeschreibungen (Die Praxis – Teil 1: Die Spiele),
- Beschreibungen von Material und Technik von Spielaufbauten im Gelände (Die Praxis – Teil 2: Material und Technik),
- Hilfen und Vorlagen für die Spiele und die Evaluation (Anhang),
- einen alphabetischen Index der Spiele mit Seitenzahl (Anhang).

Sie werden in diesem Buch »Spielleiter« genannt, da sie die Spiele auswählen und variieren, sie in eine für die jeweilige Gruppe sinnvolle Reihenfolge bringen, anleiten und auswerten.

Die Spiele sind nach Themen sortiert; die ersten 3 Themen bauen dabei aufeinander auf: Nach Spielen, in denen man sich gegenseitig kennenlernt und miteinander warm wird, werden Spiele beschrieben, die mit Unsicherheiten oder Ängsten umgehen. Anschließend folgt der weite Bereich der Kooperationsspiele. Neben Spielen, die auch von Spielleitern ohne spezielle Kenntnisse von Seilverspannungen und ähnlichen Dingen anzuleiten sind, werden auch Spiele beschrieben, in denen solche Kenntnisse nötig sind. Sie sind von ersteren abgegrenzt und mit einem Warnhinweis versehen. Schlusspunkt dieser Spiele bildet ein Spiel, das nur Spielleiter aufbauen und anleiten sollten, die im Umgang mit Seilen, Bergsport- und Industriematerialien vertraut sind. Hier bestünden für die Spieler tatsächlich Gefahren, wenn Ungeübte am Werk wären. Da dieses Spiel aber ein würdiger Abschluss einer Spielekette zur Kooperation sein kann, möchte ich es den Lesern nicht vorenthalten.

Die darauffolgenden Kapitel beschreiben Spiele, die situativ eingesetzt werden können. Zunächst sind das Spiele, in denen die Spieler sich entschleunigen und wieder etwas zur Ruhe kommen können. Danach werden Spiele eingeführt, die das genaue Gegenteil bewirken, nämlich die Spieler zum Beispiel nach einer Pause wieder »aufwecken«. Spiele, die eine ungewöhnliche Kommunikation zum Gegenstand haben, machen anschließend deutlich, wie wichtig Absprachen über eine angemessene Kommunikation in der Gruppe sind.

Zu guter Letzt werden Spiele beschrieben, die ein Nachdenken über Grenzen von Kooperation anregen sollen. Gerade nach einer Staffel von Spielen, die Kooperation in den Vordergrund stellen, sind Spieler geneigt, jede Aufgabe im Team zu lösen. Dass das nicht immer sinnvoll ist, wird bereits im Theorieteil erörtert. Im Kapitel »Grenzen der Kooperation« werden Aufgaben beschrieben, die als Teamaufgabe entweder nicht sinnvoll oder zumindest als Einzelleistungen leichter zu lösen sind.

Für Spielleiter, die sich nicht ganz sicher sind, ob sie Spiele qualifiziert aufbauen und anleiten können, bei denen Seile zwischen Bäumen gespannt oder in diese gehängt werden, bietet dieses Buch im Anschluss an die Spielbeschreibungen im Abschnitt »Die Praxis – Teil 2: Material und Technik« einen Einblick in Material und Technik der Aufbauten an Bäumen. Neben der Beschreibung der benötigten Materialien finden sich hier Knoten, statische Betrachtungen und Überlegungen zum Baumschutz. Den Schluss bildet die Beschreibung einer Technik, mit der man Seile in größerer Höhe an Bäumen anbringen kann, ohne den Baum zu besteigen oder eine Leiter zu benutzen. Erfahrene Erlebnispädagogen lesen einfach darüber hinweg; anderen Lesern wird es dadurch vielleicht möglich, auch diese Spiele einzusetzen.

Am Ende findet sich ein Anhang mit Quellennachweis, Vorlagen für 2 Spiele und 3 Vorlagen für Reflexionsmethoden. Als Letztes gibt es einen alphabetischen Spieleindex.

Noch eine grundsätzliche Anmerkung zur Spielleitung: Kein Spiel wird von verschiedenen Spielleitern gleich angeleitet. Spiele werden unterschiedlich erklärt, für unterschiedliche Spielergruppen oder unterschiedliche Umgebungen verändert oder einfach im Sinne der Spielidee weiterentwickelt. Kooperative Abenteuerspiele sind ein sehr dynamischer Bereich der Pädagogik. Spielleiter sind aufgefor-

Einleitung

dert, die Spiele in einer Art anzuleiten, die ihnen (und natürlich auch den Gruppen, die sie anleiten) entspricht. Das bringt Leben hinein und macht allen Beteiligten Spaß. Ich freue mich auch immer über Variationen, Anregungen und Vorschläge für weitere Spiele.

Zum Schluss noch eine Bemerkung zur Terminologie in diesem Buch: Wenn es »der Spielleiter«, »der Lehrer« und »der Spieler« heißt, sind natürlich Personen jeglichen Geschlechts gemeint. Da die Genderdiskussion an anderer Stelle hinreichend ausführlich geführt wird, soll aus Gründen der Lesbarkeit hier darauf verzichtet werden. Das Geschlecht der Spieler ist bei den Spielen tatsächlich völlig unerheblich.

Die Theorie

Das Team

Nach Mabey und Caird (1999) hat ein Team mindestens zwei Mitglieder, die zur Erreichung der Teamziele mit ihren jeweiligen Fähigkeiten und den daraus entstehenden gegenseitigen Abhängigkeiten beitragen. Es hat eine Team-Identität, die sich von den individuellen Identitäten der Mitglieder unterscheidet, und entwickelt Kommunikationspfade sowohl innerhalb des Teams als auch zur Außenwelt. Die Struktur des Teams ist aufgaben- und zielorientiert beschrieben; es überprüft periodisch seine Effizienz. Einerseits ist die Vielfalt an Kenntnissen und Fertigkeiten größer, je größer das Team ist. Andererseits ist ein gewisser Aufwand an Kommunikation nötig, um diese Kenntnisse und Fertigkeiten so zu koordinieren, dass sie zur Lösung gestellter Aufgaben beitragen. Dieser Aufwand steigt mit der Teamgröße. Ein ideales Team vereint alle zum Erreichen der Ziele erforderlichen Kenntnisse und Fertigkeiten in seinen Mitgliedern und hat die notwendigen Befugnisse, Entscheidungen zu treffen. Die Zahl der Mitglieder ist sowohl nach unten als auch nach oben limitiert. Zu kleine Teams vereinen oft nicht alle notwendigen Fähigkeiten in sich; zu große Teams haben einen zu hohen Kommunikationsaufwand.

Eine abgestufte Hierarchie innerhalb des Teams steht seiner Effektivität nicht grundsätzlich im Wege.

Die Theorie

Das Individuum

Durch seine im Laufe der Zeit gesammelte Erfahrung hat jeder Mensch Bereiche, in denen er sich zu Hause fühlt, und Bereiche, die ihm neu und fremd sind. Er bewegt sich bevorzugt in den Bereichen, in denen er Kompetenzen hat, Bestätigung findet und vor Enttäuschungen sicher ist. Bereiche, die ihm fremd sind, bedrohen seine Sicherheit. Es meidet sie nach Möglichkeit. Diese Bereiche kann man als Zonen in ein Modell einordnen.

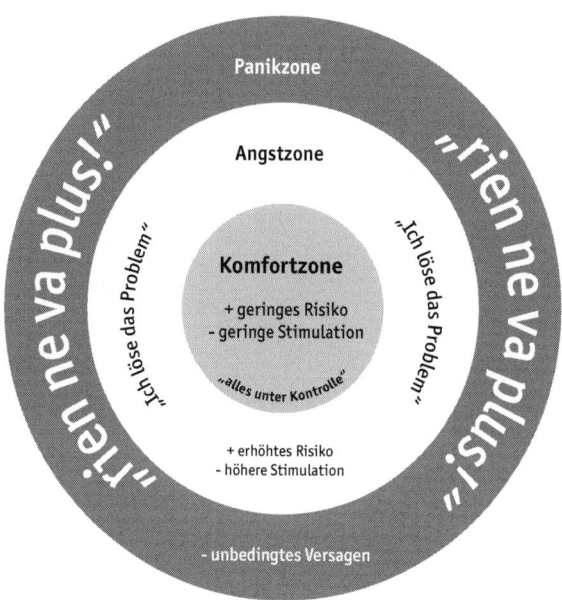

Abb. 1: Zonenmodell nach Senninger (2004, S. 26)

Dieses Zonenmodell geht auf Tom Senninger (2004) zurück, der eine Theorie des Psychologen Lew Wygotski (*Zone der nächsten Entwicklung*) weiterentwickelte (vgl. Rapp o.J.). Diese Theorie beschreibt Henning (2020) eingehender. Danach hat jeder Mensch eine Komfortzone, in der sich sein Leben üblicherweise abspielt. In dieser Komfortzone trifft er auf bekannte Reize, auf die er mit Routine reagiert. Er ist vor Überraschungen sicher und fühlt sich wohl. Bricht ein ungewohntes Ereignis in diese Komfortzone ein, versagt die Routine. Das macht Angst. Dabei ist es unerheblich, ob eine Gefahr für Leib und Leben besteht oder ob die Situation »nur« Unsicherheit hervorruft. Der Mensch befindet sich nun in der Angstzone. Er kann durch Rückzug in seine Komfortzone reagieren oder die Herausforderung annehmen und auf neue Weise reagieren. Dieses Reagieren auf neue Weise wird auch Lernen genannt, weshalb die Angstzone auch gerne als Lernzone bezeichnet wird. In dieser Zone kann man Problemlösungen und neue Verhaltensmuster lernen und dadurch seine Komfortzone erweitern. Damit vergrößert man den Rückzugsort, an dem man sich wohlfühlt und Kraft tanken kann, um die – nun erweiterte – Komfortzone erneut zu verlassen.

Kommt allzu viel Neues auf einmal oder sind die Ereignisse übermäßig einschneidend, befindet der Mensch sich in seiner Panikzone. Das Gehirn schaltet in den Flucht-oder-Kampf-Modus. Adrenalin wird ausgeschüttet, Herzschlag, Atemfrequenz und Muskeltonus erhöhen sich, Schweiß bricht aus, das Denken tritt in den Hintergrund. In dieser Zone ist ein Lernen nicht möglich.

Gruppendynamik

Laut Duden ist die Gruppendynamik das Zusammenwirken und die wechselseitige Beeinflussung der Mitglieder einer Gruppe, das Verhalten des Einzelnen zur Gruppe bzw. die Zusammenhänge zwischen mehreren Gruppen (www.duden.de/rechtschreibung/Gruppendyna mik).

Der Begriff »Gruppendynamik« wurde von Kurt Lewin geprägt und in seinem Buch »Die Lösung sozialer Konflikte« beschrieben (Lewin 1975, 1. dt. Auflage 1953). Er übernahm die Erkenntnis der Gestalt-

Die Theorie

psychologie, dass das Ganze mehr sei als die Summe seiner Teile (Die Gruppe ist mehr als die Summe ihrer Individuen). Die Gruppendynamik bedeutet die Entstehung von Verhaltensweisen, Werten und Einstellungen durch Interaktion von Individuen in einer Gruppe. Sie entscheidet, wie sich Individuen innerhalb der Gruppe verhalten und wie gut die Zusammenarbeit funktioniert. Dabei können sich Individuen durchaus innerhalb einer Gruppe anders verhalten als außerhalb.

Es gibt eine Dynamik innerhalb einer Gruppe (Intra-Gruppendynamik) und eine Dynamik zwischen verschiedenen Gruppen (Inter-Gruppendynamik) (vgl. Witte 2005). Letztere spielt für die Entwicklung von Teams allerdings nur eine geringe Rolle und wird hier nicht näher betrachtet. Dynamiken innerhalb von Gruppen hat u.a. Erich Witte sehr detailliert untersucht und beschrieben.

Gruppendynamik hat Phasen. Bruce Tuckmann sieht 5 Phasen einer Teamentwicklung, die wie folgt beschrieben werden können:

1. *Forming.* In dieser Orientierungsphase finden die Mitglieder zusammen, lernen sich kennen und tasten sich an das Gruppenziel heran. Auch wenn sich die Gruppe nicht völlig neu zusammensetzt, herrschen erst einmal Unsicherheit und Zurückhaltung.
2. *Storming.* In dieser Auseinandersetzungsphase kommt es zu Positionskämpfen und Auseinandersetzungen um Personen, Ziele und Wege dorthin.
3. *Norming.* Jetzt arbeitet die Gruppe an internen Normen zum Umgang miteinander und zur Arbeit am Ziel.
4. *Performing.* In dieser Arbeitsphase kann effektiv am Ziel gearbeitet werden. Die Gruppenmitglieder sind sich ihrer Position sicher und können auf die gemeinsam festgelegte Weise ihre Kenntnisse und Fertigkeiten einbringen.
5. *Adjourning.* Das Team löst sich auf, weil das Projekt beendet ist. Wenn das Team erfolgreich gearbeitet hat, fällt es den Teammitgliedern eventuell schwer, sich in neue Teamzusammenhänge einzufinden (Tuckman 1965).

Für die Entstehung und Festigung der Teamstrukturen sind die ersten vier Phasen interessant. Sie führen nicht immer geradlinig zum Ziel eines funktionsfähigen Teams. Immer wieder lassen sich Phänomene beobachten, die sich als Störung bemerkbar machen. Ein Personaldienstleister führt Beispiele hierfür auf:

- *Trittbrettfahren (Freeriding).* Einzelne Gruppenmitglieder lassen andere für sich arbeiten und profitieren von deren Einsatz (»Warum soll ich mich anstrengen? Die Anderen machen das schon!«).
- *Gruppendenken (Groupthink).* Im Streben nach Harmonie passen Gruppenmitglieder ihre Meinungen an die an, die sie als Gruppenmeinung ausmachen (»Wenn alle dieser Meinung sind, will ich nicht mit meiner abweichenden Meinung stören.«).
- *Soziales Faulenzen (Social Loafing).* Die persönliche Leistung oder der persönliche Einsatz der einzelnen Gruppenmitglieder nimmt mit deren steigender Anzahl ab, weil der eigene Beitrag zum Gesamtergebnis nicht messbar ist (»Bei so vielen Leuten fällt es nicht auf, wenn ich mich zurückhalte.«).
- *Gimpel Effekt (Sucker Effect).* Ein Gruppenmitglied verringert seine Anstrengungen, weil es glaubt, von anderen ausgenutzt zu werden (»Wenn die glauben, ich mache ihnen die ganze Arbeit, täuschen sie sich aber!«) (vgl. zvoove 2017).

Damit diese Phänomene die Zusammenarbeit innerhalb der Gruppe nicht stören oder gefährden, ist in der Regel ein Eingreifen einer Person außerhalb der Gruppe nötig. In der Gruppe selbst ist die Erkenntnis, dass eine Störung vorliegt, oft nicht vorhanden. Die Gruppenmitglieder sind zudem als Partei oft nicht in der Lage, wirkungsvoll einzugreifen.

Die Theorie

Die Rolle des Einzelnen im Team

Durch die Gruppendynamik ergeben sich Rollen innerhalb eines Teams. Sind das bei kleinen Kindern im Wesentlichen noch die drei Rollen Führer, Mitläufer und Außenseiter, so differenziert sich das mit zunehmendem Alter aus. Es entstehen psychologische Rollen, die sich aus der Persönlichkeit der Individuen ergeben, und funktionale Rollen, die sich aus Kenntnissen und Fertigkeiten der Individuen ergeben.

Die psychologischen Rollen

Die individuellen psychologischen Voraussetzungen der einzelnen Mitglieder bestimmen ihr Verhalten innerhalb des Teams. Beispiele für psychologische Rollen sind:

- Der *Anführer*. Es gibt Personen, die innerhalb kürzester Zeit wie von selbst ein Team anführen, auch wenn es sich völlig neu strukturiert. Der Anführer hat »den Wunsch, dass seine eigenen Belange umgesetzt werden und er die Richtung der Gruppenaktivitäten beeinflusst. Sein Bestehen hängt von seinen Anhängern ab.«
- Die *Leitfigur* einer Gruppe gerät durch kompetentes und zielführendes Handeln in diese Rolle – teilweise unfreiwillig. Es kann ihr sogar unangenehm sein, da sie nicht nach der Anführerrolle strebt.
- Der *Organisator* greift in den Gruppenprozess ein, indem er Pläne aufstellt oder Abläufe koordiniert. Ansonsten hält er sich tendenziell eher im Hintergrund.
- Der *Vermittler* »versucht diplomatisch und konstruktiv Meinungsverschiedenheiten zu klären und zu einem optimalen Ergebnis zu kommen.« Spannungen in der Gruppe bereiten ihm Schwierigkeiten.

- Der *Mitläufer* braucht Sicherheit und Vorhersehbarkeit und schließt sich daher den Aussagen des Anführers an, ohne sie zu hinterfragen.
- Der *Clown* versucht, die Stimmung aufzulockern und sich durch Späße beliebt zu machen. Dahinter steckt die Angst, ohne die Aufmerksamkeit der Gruppe zum Außenseiter zu werden.
- Der *Außenseiter* ist Teil der Gruppe, aber am tatsächlichen Gruppenprozess nicht wirklich beteiligt (https://erzieher-kanal.de/gruppenrollen).

Die funktionalen Rollen

Der Psychologe Meredith Belbin untersuchte die Auswirkungen der Teamzusammensetzung aus verschiedenen Persönlichkeitstypen auf die Teamleistung. Er fand heraus, dass diese Persönlichkeitstypen unterschiedliche Rollen innerhalb des Teams einnahmen. Das Rollenverhalten war aufgrund von Testergebnissen im Vorfeld vorhersehbar. Die richtige Kombination der Teamrollen machte das Team effizienter; eine falsche Kombination schadete der Effizienz (Belbin 1981).

Belbin identifizierte neun verschiedene Teamrollen in drei verschiedenen Hauptorientierungen: Kommunizieren, Handeln und Wissen (vgl. Becker o.J.). In einem idealen Team sind alle Bereiche abgedeckt. Einzelne Mitglieder können durchaus mehrere Bereiche abdecken; ineffektiv ist ein Team gleichartiger Menschen.

Übertragen auf die in diesem Buch vorgestellten Kooperativen Abenteuerspiele könnte man die Spieler in drei Gruppen einteilen:

- Spieler, die sich Gedanken darüber machen, welche Ressourcen im Team vorhanden sind und wie man sie am besten kombiniert und einsetzt. Sie sind kommunikativ und können Wissen und Handeln zusammenführen.
- Spieler, die Freude am Experiment haben und Dinge einfach ausprobieren, auch wenn der Weg zum Ziel noch nicht ganz klar ist.

Die Theorie

Sie ergreifen gerne auch die Initiative. Sie bringen neue Ideen ein oder optimieren Ideen anderer.
* Spieler, die Erfahrungen mitbringen, die sie gerne teilen. Sie können auch die Ideen anderer Teammitglieder aufnehmen, sie mit den eigenen Erfahrungen kombinieren und daraus neue Lösungsansätze entwickeln.

Differenzierter lassen sich die drei Spielertypen nach Belbin (1981) mit ihren jeweiligen Unterkategorien wie folgt darstellen:

Tab. 1: Kommunikationsorientierte Rollen

Teamrolle	Beitrag	Stärken	Schwächen
Der Koordinator	Der Koordinator agiert als Entscheider. Er koordiniert das Team und achtet auf Erreichung der Ziele.	Der Koordinator ist selbstsicher, kommunikativ und entschlussfreudig. Er delegiert Aufgaben effektiv.	Der Koordinator kann als manipulierend empfunden werden.
Der Teamarbeiter	Der Teamarbeiter achtet auf gute Zusammenarbeit.	Der Teamarbeiter ist diplomatisch, sympathisch und beliebt. Er achtet auf ein gutes Klima im Team.	Der Teamarbeiter ist oft eher zögerlich und unentschlossen in Entscheidungen.
Der Wegbereiter	Der Wegbereiter sucht Chancen und Kontakte im Umfeld.	Der Wegbereiter ist extrovertiert, enthusiastisch und kommunikativ. Er ist ein guter Netzwerker und denkt über den Tellerrand hinaus.	Der Wegbereiter neigt zu übertrieben optimistischem Denken und verliert schnell das Interesse. Er verliert gern das Kernthema aus den Augen.

Tab. 2: Handlungsorientierte Rollen

Teamrolle	Beitrag	Stärken	Schwächen
Der Umsetzer	Der Umsetzer sorgt dafür, dass Ideen und Pläne in die Tat umgesetzt werden.	Der Umsetzer ist diszipliniert, organisiert und verlässlich. Er setzt auf Konzepte und Strukturen.	Der Umsetzer ist manchmal unflexibel und reagiert zögerlich auf Änderungen der Umwelt.
Der Perfektionist	Der Perfektionist sorgt für gewissenhaftes Arbeiten und das Einhalten von Terminen.	Der Perfektionist ist gewissenhaft, pünktlich, vermeidet Fehler und achtet auf Details.	Der Perfektionist ist manchmal überängstlich. Er kontrolliert Dinge mehrfach und delegiert nur ungern.
Der Macher	Der Macher fordert das Team heraus, sich zu verbessern. Er will Hindernisse überwinden.	Der Macher ist dynamisch, energiegeladen und konzentriert sich auf Kernprobleme. Er lenkt die Aufmerksamkeit des Teams auf das Wesentliche.	Der Macher neigt zu Provokationen. Er ist ungeduldig und wirkt manchmal arrogant.

Tab. 3: Wissensorientierte Rollen

Teamrolle	Beitrag	Stärken	Schwächen
Der Neuerer	Der Neuerer bringt neue Ideen und Lösungsansätze hervor.	Der Neuerer ist kreativ, fantasievoll und denkt unorthodox. Er sucht nach Ideen und neuen Lösungen.	Der Neuerer ist oft unkonzentriert und macht Flüchtigkeitsfehler Er ist schlecht kritikfähig und ignoriert gern Details.

Die Theorie

Tab. 3: Wissensorientierte Rollen – Fortsetzung

Teamrolle	Beitrag	Stärken	Schwächen
Der Beobachter	Der Beobachter analysiert Optionen auf Umsetzbarkeit.	Der Beobachter ist analytisch, streng und konzentriert. Er verfügt über ein gutes Urteilsvermögen.	Der Beobachter ist manchmal zurückgezogen, oft aber zynisch und skeptisch.
Der Spezialist	Der Spezialist stellt Fachwissen zur Verfügung.	Der Spezialist ist engagiert und interessiert am Fachthema. Er wandelt allgemeine in fachlich korrekte Aussagen um.	Der Spezialist verliert sich gern in technischen Einzelheiten. Er ist kein guter Entscheider.

Als Schaubild sieht das so aus (vgl. Belbin® 2015):

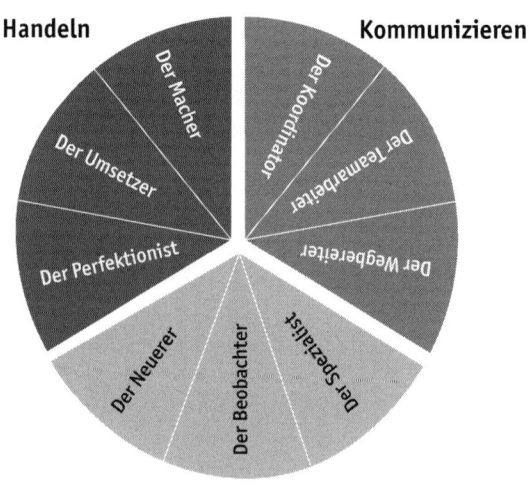

Abb. 2: Teamrollen nach Belbin (1981)

24

Die Regeln im Team

Genau wie das allgemeine Zusammenleben von Menschen funktionieren auch Teams regelbasiert. Neben allgemeinen Regeln wie zum Beispiel »Wir begegnen uns in gegenseitigem Respekt«, oder »Wir lassen uns gegenseitig ausreden« gibt es teamspezifische Regeln. Diese beruhen entweder auf einer Hierarchie und wurden angeordnet oder sie sind durch die Aufgabe begründet.

Eine Regel in einer bestehenden Hierarchie könnte zum Beispiel sein, dass der Chef bestimmt, wer welche Aufgabe übernimmt. Das kann erfolgreich sein. Wenn diese Regel allerdings nicht erfolgreich ist, steht sie zur Disposition. Verhindert der Chef eine Diskussion und eine Entscheidung darüber, steht er selbst zur Disposition. Wird all das durch eine noch höhere Instanz verhindert, ist ein Teamwork nicht möglich.

Eine Regel, die durch die Aufgabe begründet ist, könnte zum Beispiel besagen, dass die Federführung in einem Projekt derjenige übernimmt, der aufgrund seiner Ausbildung oder Erfahrung dafür am besten geeignet ist. Hier ist es Aufgabe des Teams, das festzustellen.

Selten werden Entscheidungen frei getroffen. Meistens gibt es Bedingungen, die eine Entscheidung beeinflussen. So ist zum Beispiel in einer Abteilung ein Mitarbeiter für ein anstehendes Projekt hervorragend geeignet, weil er die nötige Zusatzausbildung hat. Allerdings ist er mit einem anderen Projekt noch nicht fertig, sodass er die Bedingung eines sofortigen Projektbeginns nicht erfüllen kann.

Unabhängig davon, welche Regeln gelten, ist es grundsätzlich wichtig, sie einzuhalten. Eine Zusammenarbeit setzt Verlässlichkeit voraus. Das bedeutet nicht, dass sich jedes Teammitglied jeder Regel beugen muss. Regeln müssen an der Wirklichkeit gemessen und ggf. geändert werden. Kriterien können sein:

- Ist die Regel legal?
- Ist die Regel nötig?
- Ist die Regel gerecht?

- Führt die Regel zum Erfolg?
- u.v.m.

Regeln werden in der dritten gruppendynamischen Phase, dem *Norming*, durch die Gruppe festgelegt.

In den Kooperativen Abenteuerspielen, die in diesem Buch vorgestellt werden, werden Regeln durch den Spielleiter eingeführt. Sie geben vor, wie die einzelnen Spiele ablaufen sollen. Manchmal sind es lediglich kleine Nebenbedingungen zu den durch die Aufgabenstellung bedingten Selbstverständlichkeiten. Oft verhindern diese Regeln eine allzu einfache Lösung der gestellten Aufgabe und erzwingen ein kreative. Der Austausch darüber und die gemeinsame Suche nach einer geeigneten Strategie tragen zum Teambuilding bei.

Sind die Aufgabenstellungen schwierig oder scheinen sie den Spielern unmöglich zu erfüllen, sind diese geneigt, die Regeln zu umgehen oder sie zumindest in ihrem Sinn zu interpretieren. Der Spielleiter sollte dieses Ausweichverhalten verhindern und ggf. in eine Diskussion über die Regeln eintreten. Ziel der Regeln ist, die Gruppe durch Herausforderung zu einer Höchstleistung zu motivieren. Das zu verdeutlichen und einen Konsens darüber herzustellen, ist Aufgabe des Spielleiters.

Die Kommunikation im Team

Menschen, die aufeinandertreffen, kommunizieren. Das geschieht nicht immer bewusst und absichtsvoll; es muss nicht einmal verbal sein. Aber genau so, wie es nicht möglich ist, nicht auszusehen, ist es nicht möglich, nicht zu kommunizieren (vgl. www.paulwatzlawick. de/axiome.html). Dabei sind Sprache, Stimme, Gestik, Mimik und Körperhaltung Hilfswerkzeuge für die Interaktion (vgl. www.duden. de/rechtschreibung/Kommunikation).

Die Kommunikation im Team

Es gibt verschiedene Modelle zur Kommunikation. Ein recht eingängiges haben Claude E. Shannon und Warren Weaver 1949 beschrieben (Shannon, Weaver 1998). Danach werden Menschen, wenn sie miteinander kommunizieren, zu Sendern und Empfängern. Der Sender möchte etwas mitteilen, zum Beispiel Gefühle, Ansichten, Wünsche oder eine Sachinformation. Das geschieht aber nicht durch Gedankenübertragung, sondern das, was ausgedrückt werden soll, wird codiert. Sprache, Schrift oder Körpersignale »transportieren« die Botschaft zum Empfänger. Es wird also ein *Signal* ausgesendet.

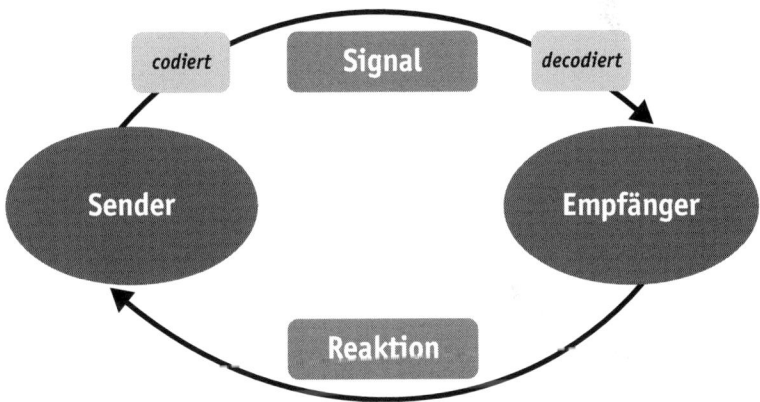

Abb. 3: Kommunikationsmodell nach Shannon und Weaver (1998)

Wenn der Empfänger die Botschaft erhält, muss er sie wieder *decodieren* – also verstehen, was der Sender mit der Botschaft gemeint hat. Der Empfänger reagiert jetzt auf die Botschaft und wird somit selbst zum Sender. Eine Kommunikation hat bestimmte Voraussetzungen, soll sie fehlerfrei funktionieren. Damit die Botschaft übermittelt werden kann, müssen Sender und Empfänger denselben Code benutzen. Ein unterschiedlicher Zeichenvorrat oder unterschiedliche Regeln, diesen Zeichenvorrat anzuwenden, stören eine Kommunikation, wodurch bewirkt wird, dass beim Empfänger keine oder eine andere Botschaft als die beabsichtigte ankommt (ebd.).

Die Theorie

Fehler in der Kommunikation können zum Beispiel auftreten durch:

- unterschiedliche Sprachen. Das müssen nicht zwangsläufig Fremdsprachen sein. Ebenso gut können es unterschiedliche Dialekte, Fachsprachen oder Slangs sein. Auch eine Kommunikation durch Gestik kann eine Sprache sein. So ist beispielsweise bei Tauchern, die sich unter Wasser ausschließlich durch Zeichen verständigen können, der nach oben gereckte Daumen nicht das Zeichen dafür, dass alles in Ordnung ist, sondern im Gegenteil das Zeichen dafür, sofort aufzutauchen.
- Doppeldeutigkeiten. Man kann zum Beispiel in einer schriftlichen Kommunikation, in der es keine zusätzliche Gestik oder Mimik gibt, die Aufforderung, man möge doch bitte ein Hindernis umfahren, auf zweierlei Weise verstehen.
- Ironie. Hier muss der Empfänger wissen, dass er die Aussage als das genaue Gegenteil interpretieren soll.
- Mentale Disposition. Die Kommunikation zwischen einem Menschen mit Autismus und einem neurotypischen Menschen kann gestört sein, wenn der Code zu einem erheblichen Teil aus para- und nonverbaler Kommunikation besteht, der der Autist aufgrund seiner neuronalen Voraussetzungen nicht entschlüsseln kann.

Diese Auswahl an Fehlerquellen zeigt, dass Kommunikation gleichzeitig auf mehreren Ebenen stattfindet. Ein recht eingängiges Modell dafür hat Friedemann Schulz von Thun (1981) mit seinem »Kommunikationsquadrat« entwickelt.

Die Kommunikation im Team

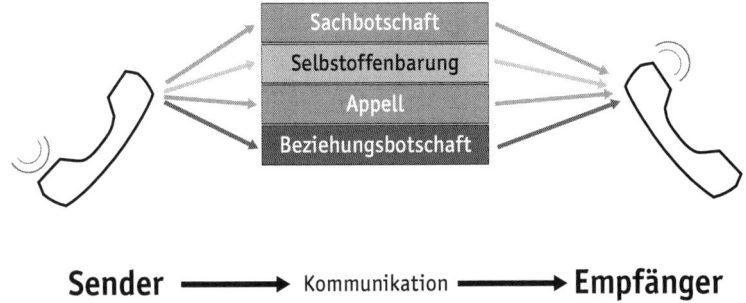

Sender ———▶ Kommunikation ———▶ **Empfänger**

Abb. 4: Kommunikationsquadrat nach Schulz von Thun (1981)

Im Kapitel »Anatomie einer Nachricht« stellt er fest, dass eine Nachricht immer vier Botschaften hat:

* Die Sachbotschaft ist die Information, die übermittelt werden soll. Das funktioniert, wenn Sender und Empfänger den gleichen Zeichenvorrat benutzen und keine der drei anderen Botschaften die Sachbotschaft stört.
* Die Selbstoffenbarung durch die Botschaft besteht darin, dass sie auf eine bestimmte Weise gesendet wird. Durch die Art und Weise der begleitenden Informationen können Rückschlüsse auf die Motivation des Senders gezogen werden. Hierzu folgen die Kapitel »Paraverbale Kommunikation« und »Nonverbale Kommunikation«.
* Die Beziehungsbotschaft offenbart, welche Rolle die jeweiligen Kommunikationspartner einnehmen. So ist es beispielsweise ein Unterschied, ob eine Nachricht von Lehrer zu Schüler, von Vorgesetztem zu Untergebenem oder auf Augenhöhe gesendet wird. Entspricht ein Partner nicht dem erwarteten Rollenverhalten, kommt es zu einer gestörten Kommunikation.
* Jede Nachricht beinhaltet einen Appell. Der Sender möchte Einfluss auf Denken, Fühlen oder Handeln des Empfängers nehmen. Eine Werbeaussage stellt nicht nur fest, dass das Produkt existiert; der Empfänger soll es kaufen. Die Nachricht »In zwei Wochen

beginnt der Urlaub« soll entweder den eigenen Lebenspartner in eine freudige Stimmung versetzen oder den Vorgesetzten davon abhalten, größere Aufgaben anzuordnen (vgl. ebd.).

Die Sachbotschaft kann man als die Sachebene der Kommunikation auffassen, die anderen drei Botschaften repräsentieren die Beziehungsebene der Kommunikation. Diese kennt fünf Ausprägungen: die verbale, die paraverbale und die nonverbale Kommunikation, dazu kommen die schriftliche und die visuelle Kommunikation. Auf der Sachebene werden Tatsachen transportiert, auf der Beziehungsebene wird festgelegt, wie sie verstanden werden sollen.

Verbale Kommunikation

Die verbale Kommunikation scheint die Wichtigste. In der Theorie senden wir Informationen, die wir in Worte codieren. Unser Gegenüber empfängt diese Worte, decodiert sie und hat damit exakt die Information, die wir gesendet haben. In der Praxis macht die verbale Kommunikation auf der Inhaltsebene nur einen geringen Teil der Kommunikation aus. Wie groß dieser Teil tatsächlich ist, kann nur geschätzt werden. Schätzungen, die sich auf Studien von Prof. Albert Mehrabian (1981) beziehen, geben weniger als 10 % an. Mehrabian selbst möchte die Studienergebnisse allerdings nicht verallgemeinert wissen. Eine Einschätzung des Zentrums für Schulqualität und Lehrerbildung in Baden-Württemberg liegt bei 20 % (ZSL o.J.).

Die übrigen 80 % der Informationen beziehen wir aus der paraverbalen und der nonverbalen Kommunikation. So ist es durchaus möglich, in fremden Ländern, deren Sprache man nicht spricht, mit Einheimischen zu kommunizieren, indem man »mit Händen und Füßen« spricht.

Paraverbale Kommunikation

Ein Mensch spricht in einer bestimmten Geschwindigkeit, Lautstärke und Tonhöhe, hat einen bestimmten Tonfall und benutzt bestimmte Wörter. Er verschluckt oder verschleift Endungen und hat eine bestimmte Satzmelodie. All diese Eigenheiten ergänzen als Information den sprachlich gesendeten Inhalt. Über sie können abseits des eigentlichen Inhalts des Gesagten auch Gemeinsamkeiten zwischen Sender und Empfänger hergestellt oder Rollen festgelegt werden, wie Friedemann Schulz von Thun feststellte (Schulz von Thun et al. 2012). Ein Mensch, der den Tonfall des anderen annimmt oder sich dessen Wortschatzes bedient, versucht Nähe herzustellen und Barrieren abzubauen. Hätte er das Gegenteil im Sinn, würde er vielleicht langsam sprechen, Sprachfärbung oder Dialekt vermeiden, eine Lautstärke wählen, bei der sein Gegenüber entweder gezwungen ist, sich beim Zuhören anzustrengen, oder durch die es beeindruckt ist. Er würde unter Umständen Wörter wählen, von denen er ausgeht, dass der andere sie nicht benutzt oder gar kennt.

Nonverbale Kommunikation

Die nonverbale Kommunikation wird durch die Körpersprache bestimmt, also Mimik, Gestik und Körperhaltung. Aber auch die Kleidung, der Geruch, Schmuck etc. sind Bestandteile der nonverbalen Kommunikation (vgl. Ellgring o.J.). Eine Krawatte hat als Kleidungsstück keinerlei Funktion, aber sie kommuniziert einen bestimmten *common sense*. Nicht zuletzt zählen auch Berührungen zur nonverbalen Kommunikation. Das Anstoßen des Nachbarn am Tresen, wenn man seiner Ansicht nach einen besonders guten Witz erzählt, oder die führende Hand am Rücken, wenn der gastgebende Politiker den Gast zum Dinner geleitet, sind Beispiele dafür. Das Lexikon der Psychologie von Dorsch kennt als Elemente der nonverbalen Kommunikation außerdem paralinguistische Merkmale wie Lachen etc., die Mimik, das Blickverhalten, die Gestik, Körperhaltung und Körperbewegung und räumliche Aspekte wie Körperkontakt, Distanz oder Sitzpositionen (ebd.).

Verbale, paraverbale und nonverbale Kommunikation bilden die synchrone Kommunikation. Sie ist facettenreich und im Normalfall eindeutig.

Asynchrone Kommunikation bedeutet, dass die Kommunikation der Parteien nicht gleichzeitig stattfindet. Gerade mit den neueren Kommunikationstechnologien wird diese Art der Kommunikation verstärkt genutzt. Oft wird lieber geschrieben oder eine Sprachnachricht geschickt, statt anzurufen oder sich zu treffen. Dies bringt einige Vorteile mit sich. So kann man eine kurze Nachricht auch dann schicken, wenn man für eine Kommunikation eigentlich keine Zeit hat, beispielsweise in einer Konferenz. Außerdem sind die Nachrichten auch später noch, anders als das flüchtige Wort der synchronen Kommunikation, zweifelsfrei zu rekapitulieren.

Doch es gibt auch Nachteile. Katrin Wanninger (2023) beschreibt Missverständnisse, falsche Erwartungen und negative Zuschreibungen bei asynchroner Kommunikation. Missverständnisse entstehen zum Beispiel, weil paraverbale und nonverbale Elemente fehlen oder nur eingeschränkt genutzt werden (ebd.). Sie fallen oft nicht gleich auf (zum Beispiel durch einen irritierten Gesichtsausdruck) und können nicht unmittelbar ausgeräumt werden (zum Beispiel durch unmittelbares Nachfragen und Klarstellen). Falsche Erwartungen können geweckt werden, wenn der Sender voraussetzt, dass der Empfänger sich in einer vergleichbaren Situation befindet, zum Beispiel gerade Zeit zur Kommunikation hat und unmittelbar antworten kann. Ist das nicht der Fall, entsteht Enttäuschung. Dann schreibt der Sender dem Empfänger unter Umständen Unzuverlässigkeit zu.

Schriftliche Kommunikation

Eine gängige Form der asynchronen Kommunikation ist die schriftliche. Nahm man sich früher viel Zeit, der entfernten Geliebten Briefe zu schreiben, in denen man ausführlich seinen inneren Zustand erklärte, peinlich darauf achtend, dass die richtigen Worte an der richtigen Stelle genau die Botschaft transportierten, die man transportiert haben wollte, so ist das im Zeitalter der Chats nicht das Ziel. Hier geht es um die schnelle Information ohne Zwischentöne und verbale Ornamentik, die der Empfänger dann lesen kann, wenn er online ist. Natürlich gibt es auf diese Weise Kommunikationspannen. Die Erwartung, dass der Empfänger jederzeit antwortet, ist kaum zu erfüllen, da dieser sich eventuell in anderen Kommunikationszusammenhängen befindet. Ganz besonders störend wirkt es sich zudem aus, wenn das Handy mit seiner automatischen Rechtschreibkorrektur auch noch besser weiß, was der Absender meint als er selbst.

Visuelle Kommunikation

Ein Bild sagt mehr als tausend Worte. Aus diesem Grund werden die Kurznachrichten immer kürzer, werden statt umständlicher Beschreibungen von Gefühlen Emojis gepostet. Obwohl es mittlerweile eine Vielzahl dieser Sticker gibt, geben sie nicht wirklich differenzierten Einblick ins Seelenleben des Senders.

Auf der anderen Seite kann visuelle Kommunikation mit ihrer Eindeutigkeit in bestimmten Situationen eine wirkungsvolle Hilfe sein. Die universelle Geste, in einer lauten und voll besetzten Kneipe dem Wirt durch das Heben zweier Finger zu bedeuten, zwei weitere Biere zu zapfen, führt in der Regel zum Erfolg.

Auch bei Kooperativen Abenteuerspielen kann visuelle Kommunikation eine Hilfe sein. Bei Spielern mit eingeschränkten Kommunikationsmöglichkeiten, zum Beispiel Autisten, ist sie eine großartige Alternative.

Die Theorie

Kongruenz der Kommunikation

Um Kommunikation störungsfrei zu gestalten, also eine Information möglichst original und zielgenau zum Empfänger zu bringen, müssen Sender und Empfänger aufeinander abgestimmt sein. Sie müssen aus demselben Zeichenvorrat schöpfen und dieselben Regeln zur Benutzung dieses Zeichenvorrats haben. Das betrifft sowohl die Sach- als auch die Beziehungsebene.

Idealerweise wird der Empfänger vom Sender in einer Art und Weise angesprochen werden, die eine positive Beziehung zu ihm herstellt. Das ist über die paraverbale und die nonverbale Kommunikation zu erreichen. Ein Lächeln, die angemessene Lautstärke, eine angenehme Tonhöhe helfen zum Beispiel weiter. Wenn dann die verbale Information mit den übrigen Informationen in Übereinstimmung, also kongruent ist, sollte Kommunikation gelingen. Das ist beispielsweise nicht der Fall, wenn man von der Lebenspartnerin gefragt wird: »Liebst du mich?« und ohne körperliche Regung mit monotoner Stimme antwortet: »Ja.« In diesem Fall wird vermutlich trotz eindeutiger verbaler Aussage das Gegenteil verstanden.

Non- und paraverbale Kommunikation haben mit ihrem großen Anteil an der Informationsübertragung erhebliches Potenzial. Sie können eingesetzt werden, um Botschaften eindeutiger zu transportieren, aber auch zum Gegenteil. Iris van den Hoeven schildert im »Blickpunkt Erziehung« den Fall einer Mutter, deren kleine Tochter sie an den Haaren zieht:

> »Wenn das kleine süße Mäuschen an Mamas Haaren zieht und zerrt und Mama mit liebevollem Stimmchen halb lachend flötet *Nein, nein, nicht an den Haaren ziehen*, muss uns bewusst sein, dass vor allem bei so kleinen Kindern, [sic] die Stimmlage die Message ist und Mamas Stimmchen sagt *Juhu, mach weiter, das macht Spaß*.« (van den Hoeven o.J.)

Wenn es wirklich wehtut und die Mutter möchte, dass die Tochter sie nicht mehr an den Haaren zieht, hebt Mama die Stimme und verändert die Mimik (ebd.).

Wenn Zeitschriftenwerber uns mit einem vertrauenerweckend tiefen Blick in die Augen als »kritischen Geist« ansprechen, könnte es sein, dass sie nicht in eine Diskussion über den Kategorischen Imperativ im Kontext der heutigen Zeit mit uns eintreten wollen. Die Kommunikation ist nicht kongruent, da auf der Beziehungsebene eine geistige Auseinandersetzung versprochen wird, auf der Sachebene aber ein Zeitschriftenabonnement verkauft werden soll. Akzeptieren wir aber die behauptete Kongruenz und lassen uns auf diese Beziehungsebene ein, können wir im weiteren Verlauf den verbalen Aussagen des Gegenübers nur schwer widersprechen, ohne unsererseits inkongruent zu werden.

Kooperative Abenteuerspiele

Kooperative Abenteuerspiele sind eine Methode der *Erlebnispädagogik*. Diese aus der Reformpädagogik zu Beginn des 20. Jahrhunderts entstandene und seitdem stetig weiterentwickelte Sammlung von Methoden vereint sehr unterschiedliche pädagogische Stromungen. Zu Beginn waren es eher naturschwärmerische Protagonisten wie die Wandervogelbewegung, die ein Erleben in und mit der Natur der räumlichen und geistigen Enge des täglichen Lebens entgegenstellte. Später folgten dann die »Outward Bound-Zentren«, die nach den Ideen von Kurt Hahn arbeiteten und aus ursprünglich recht unterschiedlichen Einrichtungen ein weltweites Netz von Zentren zur Jugend- und Erwachsenenbildung durch Erlebnispädagogik knüpften. Sie arbeiteten mit Herausforderungen in und mit der Natur, zum Beispiel Felskletteraktionen oder Wildwasserfahrten. Diese Aufzählung ist keineswegs vollständig. Sie verdeutlicht aber, dass es keine breite Abdeckung pädagogischer Arbeitsfelder durch die Erlebnispädagogik gab; es waren Nischen.

Spätestens seit den 80er Jahren des 20. Jahrhunderts wurde die Erlebnispädagogik aus diesem Nischendasein hervorgeholt. Sie wurde auch in anderen Bereichen eingesetzt, zum Beispiel in der offenen Jugendarbeit, auf Abenteuerspielplätzen oder in Jugendzentren. Sie wurde vom Sockel des Elitären geholt und in den Alltag implementiert. Es erschienen Zeitschriften für Erlebnispädagogik, man konnte sie plötzlich an Hochschulen studieren, später sogar als Masterstudiengang. Durch die Gründung von Unternehmen, die erlebnispädagogische Aktionen anboten, gab es erstmals Arbeitsstellen in nennenswertem Umfang für Erlebnispädagogen. Zu nennen wären hier das *Project Adventure* in den USA oder *Herausforderung (Herausfo(e)rderer)* in Deutschland.

Wie lässt sich Erlebnispädagogik definieren? Gemeinsame Merkmale sind:

- Die Handlungsorientierung. Erlebnispädagogische Methoden arbeiten mit Aktionen, die außergewöhnliche Erlebnisse ermöglichen. Aus diesen Erlebnissen werden durch Reflexion Erfahrungen. Auf diese Weise entsteht Lernen.
- Die Ernstfallsituation. Erlebnispädagogische Aktionen stellen die Teilnehmer vor Herausforderungen. Je näher sie am Ernstfall sind, desto wirkungsvoller werden sie als Herausforderung wahrgenommen. Dabei schätzt man durchaus das (subjektive) Wagnis, vermeidet aber nach Möglichkeit das (objektive) Risiko.
- Das Prinzip »Herausforderung und Bewährung«. Herausforderungen bieten den Teilnehmern einer erlebnispädagogischen Aktion die Möglichkeit, sich zu bewähren und persönlich gestärkt daraus hervorzugehen.

Werner Michl (2015) definiert Erlebnispädagogik wie folgt:

> »Erlebnispädagogik ist eine handlungsorientierte Methode und will durch exemplarische Lernprozesse, in denen Menschen vor physische und psychische und soziale Herausforderungen gestellt werden, diese in ihrer Persönlichkeitsentwicklung fördern und sie dazu befähigen, ihre Lebenswelt verantwortlich zu gestalten.« (S. 11)

Auch wenn man der Meinung sein sollte, dass die Erlebnispädagogik keine Methode, sondern eine Sammlung verschiedener Methoden mit gemeinsamen Merkmalen sei, sieht man doch, dass sie viele Handlungsfelder abdeckt und sich immer noch entwickelt.

Das Handlungsfeld »Kooperative Abenteuerspiele« vermittelt Lernerfahrungen durch Spannung, Herausforderungen und Spielspaß. In Teamarbeit setzen die Mitspieler Fähigkeiten ein, um Aufgaben miteinander zu lösen. Beim Planen und Ausprobieren neuer und ungewohnter Handlungsmöglichkeiten entwickelt sich soziales Lernen.

Der Begriff soziales Lernen stammt aus der Lernpsychologie; es ist die Grundlage für das sogenannte handlungsorientierte, problemlösende Lernen und dient dem Erwerb sozialer Kompetenz (vgl. Frey o. J.). Soziale Kompetenz wird im Gabler Wirtschaftslexikon definiert als »kommunikative (Dialogfähigkeit), integrative (Konsensfähigkeit) und kooperative (Teamfähigkeit) Fähigkeiten eines Menschen, die aus der Sozialisation bzw. aus dem sozialen Lernen entstehen« (Maier et al. 2018, o. S.).

Bei Kooperativen Abenteuerspielen werden Selbstvertrauen, Mut und Geschicklichkeit, aber auch Köpfchen und die Fähigkeit, miteinander zu kommunizieren und zu handeln, gefördert. Der Begriff der »Kooperativen Abenteuerspiele« setzt sich aus drei Komponenten zusammen.

- Kooperation. Menschen arbeiten zusammen an einem Ziel. Interessant ist dabei nicht nur das Ergebnis, sondern auch der Weg dorthin. War der Einsatz von Ressourcen angemessen? Hätte es andere oder gar bessere Lösungen gegeben? Wie war die Zusammenarbeit? Waren alle am Ergebnis beteiligt oder wurden Gruppenmitglieder »zurückgelassen«? Wurden Ideen eingebracht und aufgenommen? Die Zusammenarbeit in einer Gruppe wird im Kapitel »Gemeinsam erfolgreich?« näher betrachtet.
- Abenteuer. Wer Neues ausprobiert, riskiert Scheitern. Wer sich verliebt, riskiert die Enttäuschung. Warum tun Menschen es trotzdem? Wie ist das Verhältnis von Chance und Risiko? Diese

Die Theorie

Fragen sollen in Kapitel »Eins ist sicher: Das Abenteuer« näher beleuchtet werden.
- Spiel. Spiel wird als das Gegenteil des Ernstes angesehen und damit als weniger wichtig eingestuft. Spielen kann man zur Entspannung, wenn die ernsten Dinge des Lebens erledigt sind. Ob diese Einschätzung dem Spiel gerecht wird, soll in Kapitel »Er tut nichts – er will nur spielen« untersucht werden.

Alle drei Komponenten wirken zusammen und bieten, wenn man sie richtig einsetzt, ein mächtiges Instrumentarium zur Analyse von Gruppenzusammenhängen und zur Förderung sozialer Kompetenzen.

Soziale Kompetenzen gehören zu den *soft skills* und sind damit nicht durch einen Abschluss oder ein Zertifikat zu messen. Zu ihnen zählen Schlüsselkompetenzen wie Teamfähigkeit, Verlässlichkeit, Einfühlungsvermögen, Kritikfähigkeit und Lernbereitschaft. Sie sind eine Kombination aus Durchsetzungsfähigkeit und Anpassungsfähigkeit, beruhen auf der neuronalen Vernetzung im Gehirn und unterliegen durch die Anforderungen der Umwelt einem ständigen Wandel. Nach dem Prinzip »use it or lose it« werden sie vergessen, wenn sie nicht gefordert werden.

Im Team sind soziale Kompetenzen die Grundlage des Erfolgs. Sie sind der Kitt, der ein Team zusammenhält; ohne sie können die Teammitglieder ihre Kenntnisse und Fertigkeiten nicht sinnvoll einbringen.

Um eine effektive Förderung sozialer Kompetenzen zu erreichen, unterliegen Kooperative Abenteuerspiele einer Systematik. In *Die Praxis – Teil 1: Die Spiele* wird diese beschrieben. Hier ist auch eine Sammlung von Kooperativen Abenteuerspielen zu finden, die nach sieben Themen aufgeschlüsselt werden. Mit einer sinnvollen Auswahl aus diesen Spielen kann ein Gruppentraining oder ein Teambuilding sehr flexibel gestaltet werden.

Gemeinsam erfolgreich?

Ende des 19. Jahrhunderts beobachtete der französische Agraringenieur Maximilien Ringelmann erstaunt: Spannt man zwei Pferde vor eine Kutsche, bringen sie nicht doppelt so viel Leistung wie ein einzelnes, sondern weniger als das Doppelte. Ringelmann wiederholte die Versuche mit Menschen und stellte fest, dass sie beim Tauziehen in der Gruppe weniger fest zupacken als einzeln – weil sie sich koordinieren müssen, einander ausbremsen und dadurch Energie verlieren. Aber auch, weil sich jeder auf den anderen verlässt. Diese Beobachtung wird bei Ingham, Levinger, Graves und Peckham (1974) als Ringelmann-Effekt beschrieben. Dieser Effekt bewirkt, dass die Motivation von Mitarbeitern in der Gruppe deutlich geringer ist als wenn sie alleine arbeiten und sie dazu neigen, die eigenen Anstrengungen zu reduzieren.

Es gibt also Risiken für die Effektivität der Teamleistung. Neben dem Ringelmanneffekt sind das die folgenden (vgl. Becker o.J.):

- Teams haben ein hohes Maß an Autonomie. Läuft etwas schief und muss von außen interveniert werden, ist das schwierig.
- Je größer das Team, desto mehr Koordination ist nötig. Das bedeutet einen Aufwand an Abstimmungsprozessen. Meetings und sonstiger Informationsfluss, der das einzelne Teammitglied unter Umständen nicht betrifft, sind die Folgen.
- Die Leistung der einzelnen Teammitglieder ist weniger sichtbar. Dadurch können Effekte auftreten, die die Teamleistung bremsen. Einzelne Mitglieder könnten andere für sich arbeiten lassen und von deren Einsatz profitieren (freeriding). Anders herum könnten die, die sich auf diese Weise ausgenutzt fühlen, beschließen, ihrerseits ihre Arbeitsleistung herunterzufahren (sucker effect).
- Das soziale Miteinander (oder auch Gegeneinander) kann in den Vordergrund rücken und ein Maß annehmen, das die Teamleitung bremst.

Die Theorie

- Teams entwickeln eine eigene Teamkultur. Neue Mitglieder werden durch diese sozialisiert. Ist diese Teamkultur nicht (mehr) an der Teamleistung orientiert, ist das Team kaum noch steuerbar.

Aber auch für das einzelne Teammitglied kann Teamarbeit Risiken haben. Die Zusammenarbeit mit Menschen, die man nicht ausstehen kann, ist enger, die eigene Leistung ist weniger sichtbar, man ist für Fehler Anderer mitverantwortlich, endlose Abstimmungsprozesse nerven und man muss Ressourcen teilen.
Kann man die Risiken für die Effektivität der Teamleistung beherrschen, hat Teamarbeit folgende Vorteile (ebd.):

- Durch die breitere Basis von Kenntnissen und Fertigkeiten innerhalb des Teams wird das Arbeitsergebnis qualitativ besser. Innovative Lösungen werden wahrscheinlicher.
- Teamarbeit senkt den Bedarf an Führungskräften. Hierarchien können flacher werden.
- Der Ausfall einzelner Teammitglieder, zum Beispiel durch Krankheit, kann durch die anderen aufgefangen werden, da das Wissen in mehreren Köpfen vorhanden ist.

Für das einzelne Teammitglied sieht ein Beratungsunternehmen für Firmen die Vorteile der Teamarbeit darin, dass der Mitarbeiter in Entscheidungen eingebunden ist. Eigene Wünsche und Vorstellungen haben Gewicht, wodurch eine höhere Zufriedenheit und eine stärkere Bindung an den Betrieb entstehen (dehner academy o.J.).
Doch ob bei allem Für und Wider Teamarbeit immer das Mittel der Wahl ist, hängt von der Aufgabe ab, die es zu bewältigen gilt. Neben dem offenkundigen Beispiel der Mozart-Sinfonie aus der Einführung kann man Kriterien festlegen, die über Sinn und Unsinn von Teamarbeit entscheiden. Die Art der Aufgabe ist wichtig. Ist es eine konjunktive, additive oder disjunktive Aufgabe?

- Konjunktive Aufgaben können ihrem Wesen nach nur von allen Teammitgliedern bewältigt werden. Als Beispiel dient die Fließ-

bandarbeit. Das Arbeitsergebnis wird durch das schwächste Mitglied bestimmt, ist also schlechter als der Durchschnitt.
- Bei der additiven Aufgabe wird das Ergebnis aus der Summe der Einzelleistungen bestimmt. Als Beispiel dient das Tauziehen. Die Summe der eingesetzten Kräfte ergibt den Gesamtzug. Davon müssen allerdings der Aufwand für die Koordination und der Ringelmanneffekt abgezogen werden. Das Arbeitsergebnis ist auch hier geringer als möglich.
- Bei disjunktiven Aufgaben hängt das Arbeitsergebnis vom leistungsstärksten Mitglied ab, das die anderen motiviert und von dem sie lernen. Ist es ein funktionierendes Team, das die beschriebenen Risiken im Griff hat, kann man hier ein Arbeitsergebnis erwarten, das über dem der Einzelleistungen liegt (vgl. Stübs o.J.).

Anstatt Teamarbeit unreflektiert als überlegene, ja: progressive Form der Arbeit zu heroisieren, sollte man vorher darüber nachdenken, ob sie für eine bestimmte Aufgabe auch zweckmäßig ist. Setzt man Teams ein, wo sie weder nötig noch nützlich sind, liefern sie eine neue Ursache von Produktivitätsmängeln. Setzt man sie jedoch klug ein, hat man folgende Chancen (vgl. Hofert 2015):

- Die Kombination unterschiedlicher Fähigkeiten ermöglicht es, komplexe Vorhaben zu realisieren.
- Gemeinsame Entscheidungen werden besser akzeptiert.
- Das Team bietet einen Rahmen, auch Mitglieder mitzunehmen, die in einzelnen Aspekten Schwächen haben. Da alle Teammitglieder irgendwo Mängel haben, ist die Chance gegeben, dass diese sich ausgleichen.
- Das Engagement von Teammitgliedern lässt sich durch richtig eingesetzte Teamarbeit steigern.
- Durch die Interaktion im Team fühlt man sich motivierter.

Die Theorie

Eins ist sicher: Das Abenteuer

Wer das Abenteuer eingeht, sich zu verlieben, läuft Gefahr, enttäuscht zu werden. Wer das Abenteuer der beruflichen Selbständigkeit eingeht, riskiert das Scheitern. Beides ist wohl unangenehm, nicht aber das lebensbedrohliche Moment, das man mit dem Wort »Risiko« assoziiert. Abenteuer ist zudem subjektiv und entsteht im Kopf. Was für den Einen eine Herausforderung darstellt, langweilt den Anderen.

Der »kleine Bruder« des Abenteuers ist das Wagnis. Während Abenteuer eine Erlebnisfolge ist, die auch überraschende Wendungen nehmen kann und nicht von vornherein mit all seinen Herausforderungen zu überschauen ist, ist ein Wagnis eng auf eine Situation begrenzt, die man einschätzen kann und die ein Ende hat, egal ob man die Herausforderung meistert oder nicht.

Teilnehmer erlebnispädagogischer Maßnahmen werden bewusst provoziert, Wagnisse einzugehen. Das Verlassen eines sicheren Bereichs und der Aufbruch ins Ungewisse sind Grundbestandteil eines jeden erlebnispädagogischen Settings. Der Teilnehmer verlässt sein gewohntes Umfeld, bricht durchs Ungewisse zu neuen Ufern auf und erreicht diese nach etlichen herausfordernden Ereignissen. Durch das, was er während seines Abenteuers erlebt, ist er nun reicher an Erfahrungen und Selbstvertrauen. Er durchläuft einen nachhaltigen Lernprozess.

Die Tatsache übrigens, dass Abenteuer subjektiv ist und im Kopf entsteht, kann man bei den Kooperativen Abenteuerspielen nutzen. Bettet man die Aufgabenstellung in eine Geschichte ein und nutzt beim Setting entsprechende Requisiten, kann man das Abenteuerliche der Situation unterstreichen. Daher sind bei einigen Spielbeschreibungen Vorschläge für Geschichten zu finden, mit denen man die Aufgabe verknüpfen kann.

Er tut nichts – er will nur spielen?

Wie Rolf Oerter (2007) feststellt, hatte der Mensch schon immer den natürlichen Drang, sich spielerisch mit seiner Umwelt auseinanderzusetzen. Das hat er jedoch nicht erfunden. Genau wie der Mensch spielen auch Tiere. Man darf also davon ausgehen, dass das Spiel in der Evolution grundgelegt ist. Spiel lässt sich auch in allen menschlichen Kulturen beobachten. Dabei werden spielerisch Verhaltensweisen eingeübt.

Spielen ist ein Verhalten ohne Zweck, aber nicht ohne Sinn. Denn es ist der Spieltrieb, der es uns ermöglicht, durch Versuch und Irrtum zu lernen und dabei wichtige Kenntnisse über das Leben und die Welt zu gewinnen sowie – teils überlebenswichtige – Fähigkeiten auszubauen. Spiel geschieht freiwillig und außerhalb des Alltags. Es ist nicht für das unmittelbare Überleben notwendig. Spielen regt auch jenseits der Kindheit die Fantasie an, denn es verleitet dazu, Neues auszuprobieren und fördert kreatives Denken. Auch Erwachsene sind durch das Spielen besser in der Lage, ihre Potenziale zu entfalten. Dies hängt damit zusammen, dass das Gehirn beim Spielen Impulse verarbeitet und sich dabei seine Nervenzellen neu vernetzen. Viel genutzte Verbindungen werden verstärkt, wenig genutzte geschwächt (vgl. Spitzer 2002).

Spielmangel oder gar -entzug kann nach Christina Bergengruen (2021) gravierende Folgen für das spätere Leben haben. Die verringerte Neugier wirkt sich negativ auf Lernerfahrungen und somit auch auf schulische Leistungen aus. Wer über eine mangelnde mentale Flexibilität verfügt, neigt zu schlechterer Emotionsregulierung. Die Folge sind Überforderung, Angst- oder Aggressionszustände in schwierigen Situationen.

All diese Faktoren zusammengenommen ist das Spiel also ein nahezu ideales Medium für eine Pädagogik, die eine Bearbeitung von Gruppenprozessen zum Ziel hat. Zudem ist das Spiel als pädagogisches Mittel das Gegenteil einer »konfrontativen Pädagogik«, bei der

der wissende Pädagoge dem unwissenden Klienten wertvolle Erkenntnisse vermittelt.

Fünf Spielformen lassen sich unterscheiden:

- Das explorative Spiel. Kinder im Alter zwischen 0 und 3 Jahren entdecken ihren Körper und die Bewegung. Sie lernen die Wirkungen kennen, die sie damit erzielen können.
- Das Fantasiespiel. Hierbei erforschen Kinder andere Lebens- und Gefühlswelten.
- Das Rollenspiel. Hierbei werden Formen der Interaktion und der Kommunikation eingeübt. Auch eine Imitation von Erwachsenen durch Jugendliche oder ihre Abgrenzung kann als Rollenspiel verstanden werden.
- Das Konstruktionsspiel. Hierbei kann mithilfe der eigenen Fantasie aus Materialien wie Bauklötzen, Knete, Steinen etc. etwas erschaffen werden. Auch der selbst getöpferte Aschenbecher, die selbst geknüpfte Makrameeampel oder das selbst gebaute Bücherregal sind Ergebnisse des Konstruktionsspiels, da sie mit weitaus geringerem Aufwand zu kaufen gewesen wären.
- Das Regelspiel. Diese große Spielkategorie findet sich im Sport oder bei Karten- oder Brettspielen und bestimmt einen Großteil der Spiele Erwachsener.

Evaluation

Der Begriff »Evaluation« leitet sich von dem lateinischen *valere* ab, was »stark sein« oder »etwas wert sein« bedeutet. Man versteht darunter die sach- und fachgerechte Bewertung von Prozessen und Ergebnissen. Im pädagogischen Fachkontext wird eine Evaluation durch Experten nach bestimmten Kriterien vorgenommen. Sie dient der Kontrolle, ob eine Maßnahme den erwünschten Effekt sowohl für die Teilnehmer als auch für die Veranstalter bzw. Auftraggeber hatte. Laut der Deutschen Gesellschaft für Evaluation e.V. können Evaluationen

»Planungs-, Handlungs- und Entscheidungsprozesse [...] unterstützen. Sie können Verbesserungsmöglichkeiten aufzeigen, evidenzbasierte Entscheidungen ermöglichen, Lernprozesse anstoßen oder der Rechenschaftslegung dienen« (DeGEval o.J., S. 2).

Ein mögliches Modell zur Evaluation ist das Kirkpatrick-Modell (vgl. Benit, Soellner 2022), das sich speziell mit der Auswertung einer Lernhandlung befasst. Es hat 4 Ebenen und nimmt an, dass jede aufeinanderfolgende Evaluationsstufe auf den Informationen basiert, die durch die unteren Ebenen bereitgestellt werden. Im vollständigen Evaluationsprozess werden alle 4 Ebenen nacheinander durchlaufen. Die ersten beiden Ebenen können unmittelbar im Anschluss an die Maßnahme abgearbeitet werden; die Ebenen 3 und 4 werden mit angemessenem zeitlichem Abstand zur Maßnahme bearbeitet.

Die Ebenen sind:

1. *Die Reaktion.* Die Teilnehmer einer Maßnahme geben wieder, wie zufrieden sie damit sind und wie nützlich sie ihnen ihrer Meinung nach war.
2. *Das Lernen.* Jetzt wird der Lernerfolg geprüft. Was hat sich im Vergleich zum Zustand vor der Maßnahme für die Teilnehmer geändert?
3. *Das Verhalten.* Das Verhalten der Teilnehmer im Alltag wird beobachtet. Wie dauerhaft wirkt die Maßnahme?
4. *Die Ergebnisse.* Zum Schluss wird bewertet, welchen Nutzen die Maßnahme für die Gesamtorganisation hat (vgl. ebd.).

In der Praxis wird eine Teambuildingmaßnahme im Auftrag durchgeführt. Die Spielleiter treffen die Spieler zur Maßnahme und sehen sie nach Verabschiedung nicht wieder. Dadurch haben sie keine Möglichkeit, die Ebenen 3 und 4 zu bearbeiten – das sollte daher durch den Auftraggeber sichergestellt werden.

Methoden der Evaluation können Beobachtung oder Befragung sein. Grundlage der Evaluation ist die Reflexion, also der Rückblick auf das Erlebte mit dem Ziel, Erkenntnisse zu formulieren, die zukünftiges Handeln beeinflussen sollen. Gelerntes wird von der Ebene der Intuition und des Bauchgefühls auf eine rational zugängliche Ebene verlagert. Die Erkenntnisse zeigen die Wirkungen des eigenen Handelns und fließen in zukünftiges eigenes Handeln ein.

Reflexion hilft dabei, auch unbewusst Erlebtes bewusst wahrzunehmen und zu verarbeiten. Reflexion ist zunächst die Auseinandersetzung eines Individuums mit sich selbst und findet überall und jederzeit auch ohne Anleitung statt. Der vielzitierte Spruch aus der Erlebnispädagogik »The mountains speak for themselves« mag im technischen Sinne nicht korrekt erscheinen, trifft aber den Kern des Lernens in der Natur insofern, als dass die außergewöhnlichen Erlebnisse fast zwangsläufig zu einer Selbstreflexion des führen. Dabei wird nicht nur das eigene Handeln und Erleben reflektiert, sondern auch die Wahrnehmungen der eigenen Person durch Andere. Die Selbstwahrnehmung kann mit der Fremdwahrnehmung abgeglichen werden.

Wenn das erlebnispädagogische Setting zudem auf den einzelnen Teilnehmer zugeschnitten ist, er sich also den Herausforderungen ausgesetzt sieht, die exakt seine Unsicherheiten, Ängste oder Defizite bearbeiten, findet die Selbstreflektion ohne übermäßigen Input statt. Dies hat Niko Schad in einem Beitrag zu Reflexionsmodellen in der Zeitschrift für handlungsorientierte Pädagogik »e&l – erleben und lernen« sehr anschaulich beschrieben (Schad 1993).

Reflexion kann angeregt und begleitet werden. Damit erleichtert man den Reflektierenden diesen Vorgang und kann durch gezieltes Vorgehen die Effektivität der Reflexion steigern. Im Falle der Kooperativen Abenteuerspiele sollte der Spielleiter diese Aufgabe zum Beispiel mit einem gezielten Fragenkatalog übernehmen. Folgende Punkte sollte die individuelle Reflexion beinhalten:

- War mir das Spiel angenehm oder unangenehm?
- Was war für mich schwierig? Wie bin damit umgegangen?

- Worin war ich erfolgreich? Welche neuen Stärken habe ich in mir entdeckt?
- Habe ich etwas erfahren, was ich im Alltag anwenden kann?

Folgende Punkte sollte die Reflexion des Gruppengeschehens beinhalten:

- Hat die Gruppe die gestellte Aufgabe gelöst?
- Wie war die Zusammenarbeit innerhalb der Gruppe? Wurden Entscheidungen gemeinsam getroffen? Wie wurden Lösungsvorschläge einzelner Spieler aufgenommen? Gab es passive Spieler? Wenn ja: Warum?
- Wie war die Führungsstruktur innerhalb der Gruppe? Gab es »Chefs«? Gab es Außenseiter? Gab es Untergruppen?
- Gab es Konflikte? Wurden diese gelöst? Wenn ja: Wie wurden sie gelöst?

Reflexionsmethoden können sein:

- *Die mündliche Äußerung.* Der Aufwand hierfür ist gering; es werden keine besonderen Anforderungen an Materialien oder Örtlichkeit gestellt. Auch differenziertere Aussagen sind möglich.
- *Die Daumenprobe.* Eine sehr pauschale und oberflächliche Reflexionsmethode ist die Aufforderung an die Spieler, für jeden vom Spielleiter nacheinander genannten Aspekt die Daumen entweder nach oben zu strecken (falls sie ihn für positiv halten), nach unten zu strecken (falls sie ihn für negativ halten) oder ihn zur Seite zu strecken (falls sie ihm neutral gegenüberstehen). Diese Methode eignet sich besonders für Spieler, deren Reflexionsfähigkeit erkennbar gering ist oder die einer Reflexion aus anderen Gründen ablehnend gegenüberstehen. Sie eignet sich auch für ein »Blitzlicht« am Ende jedes einzelnen Spiels, in dem der Spielleiter abfragt, wie es bei den Spielern ankam. Ihre Stärke ist die Kürze der Zeit, die sie benötigt. Der Spielfluss wird nicht unterbrochen. Al-

lerdings sind mit dieser Methode keine differenzierten Rückmeldungen möglich.
- *Die Positionierung im Raum.* Der Spielleiter fragt nacheinander die Aspekte ab. Die Spieler positionieren sich daraufhin im Raum, und zwar vom Spielleiter weiter entfernt, wenn dieser Aspekt in ihren Augen weniger Bedeutung hatte oder weniger zufriedenstellend bearbeitet wurde, und näher beim Spielleiter, wenn dieser Aspekt eine größere Bedeutung hatte oder zufriedenstellender bearbeitet wurde. Hierbei sind differenzierte Aussagen möglich, allerdings nur in Erwiderung auf Fragen des Spielleiters.
- *Die Zielscheibe.* An einer Pinnwand hängt eine Zielscheibe (siehe Anhang 3 und Anhang 4) mit mehreren Segmenten. Die Spieler können in jedes Segment einen Pin stecken, und zwar nahe dem Zentrum, wenn die Aussage des Segments eher zutrifft, und weiter entfernt vom Zentrum, wenn sie weniger zutrifft. Am Ende kann man mit einem Blick erkennen, welche Aspekte besser und welche weniger gut bearbeitet wurden.

 Für die Reflexion des eigenen Erlebens und die Reflexion des Gruppengeschehens sind jeweils eigene Zielscheiben mit 3 bzw. 4 Segmenten nötig. Auch hierbei sind differenzierte Aussagen in Erwiderung auf Fragen des Spielleiters möglich.
- *Der Wertungsbeutel.* Jeder Spieler bekommt vom Spielleiter einen Beutel, in dem verschiedenfarbige Steine, Knöpfe, Legosteine oder ähnliches sind. Jeder Aspekt, der reflektiert werden soll, bekommt eine der Farben zugewiesen. Dazu steckt eine Karte mit der Erklärung der Farbcodes im Beutel. In der Mitte des Raums (bzw. an einem zentralen Ort im Außenbereich) stehen 3 Behälter: Ein Behälter für »Positiv«, einer für »Negativ« und einer für »Neutral«. Die Spieler werfen ihre verschiedenfarbigen Steine je nach Einschätzung jeweils in diese Behälter. Beim Leeren der Behälter erkennt man mit einem Blick an der Farbe, ob bestimmte Aspekte der Veranstaltung besonders gut oder schlecht bewertet wurden. Diese Methode bietet durch ihre Anonymität die Möglichkeit der Rückmeldung, ohne sich persönlich zu erkennen zu geben. Dafür

muss aber die Fragestellung derart sein, dass darauf mit »positiv«, »negativ« oder »neutral« geantwortet werden kann.

Mit den über die mündliche Äußerung hinausgehenden Reflexionsmethoden erreicht der Spielleiter mit hoher Wahrscheinlichkeit ein Statement aller Spieler, was bei einer rein verbalen Reflexion gelegentlich schwierig ist, da die Statements der Spieler zunehmend die der vorigen wiederholen. Diese Methoden können auch als Einstieg in mündliche Äußerungen genutzt werden, indem der Spielleiter Bemerkungen zu den Ergebnissen dieser Reflexionen erbittet.

Reflexion sollte allerdings nicht übertrieben werden. Gerade die individuelle Auseinandersetzung findet zum Großteil auch ohne die Intervention durch den Spielleiter statt. Diese wird schnell als überflüssig oder gar zudringlich empfunden, wenn sie bereits Abgehandeltes versucht zu bearbeiten.

Nicht zuletzt sollte auch der Spielleiter eine Rückmeldung bekommen. Auf diese Weise kann er sein Angebot stetig verbessern. Interessant sind für ihn:

- Angemessenheit der körperlichen Belastungen
- Angemessenheit der psychischen Belastungen
- Wahl der Örtlichkeit
- Wahl der Materialien
- Beurteilung der Person und des Auftretens des Spielleiters

Auch hierbei kann statt verbaler Statements eine andere Methode gewählt werden. Zum Beispiel kann jeder Spieler einen Pin erhalten, den er in eines von 4 Wettersymbolen pinnt. Wettersymbole sind sehr anschaulich und die Anzahl 4 hat keinen neutralen Wert. Die Spieler sind also gezwungen, eine Stellungnahme abzugeben, und können sich nicht in die versöhnliche Mitte flüchten. Eine Vorlage für diese Art der Auswertung findet sich im Anhang 5.

Die Praxis
Teil 1: Die Spiele

Die Spiele

In diesem Buch werden Kooperative Abenteuerspiele vorgestellt, die zumindest in ähnlicher Form bereits vielfach angewendet wurden und werden. Der Autor erhebt dabei nicht den Anspruch auf Originalität. Viele der Spiele sind auch unter anderen Namen bekannt. Die Spiele sind für Gruppen von ca. 8 bis maximal 20 Spielern sinnvoll. Eine optimale Gruppenstärke liegt bei 12 bis 15 Spielern.

Es wird versucht, die Spiele möglichst detailreich und exakt zu beschreiben, um es auch jenen Pädagogen, die nicht tief in der Materie stecken, zu ermöglichen, sie in ihrer Praxis anzuwenden. Trotzdem könnte es an der einen oder anderen Stelle Unklarheiten geben; das lässt sich nicht völlig ausschließen. Der Autor ist für Rückmeldungen dankbar und versucht, diese Unklarheiten in weiteren Veröffentlichungen zu beheben.

Wo immer möglich, kommen die Spiele ohne Material aus. Ist das (wie leider in den meisten Fällen) nicht möglich, kommen Materialien zum Einsatz, die entweder in den meisten Haushalten zu finden oder für kleines Geld zu beschaffen sind.

Bei einigen wenige Spielen werden Seile an Bäumen verspannt. Dafür muss der Spielleiter in der Lage sein, Material ausreichender Festigkeit mit passenden Knoten zu verbinden. Diese Spiele befinden sich am Ende des Kapitels »Kooperation« als eigenes Unterkapitel. In einem zweiten Praxisteil gibt es Ausführungen zu Material, Knoten, Statik und Baumschutz, die weniger erfahrenen Spielleitern die Möglichkeit eröffnen sollen, auch diese Spiele anzuleiten.

Die Spiele

Schlusspunkt dieses Unterkapitels ist ein Spiel, das beim Spielleiter Erfahrung im Umgang mit Seilaufbauten zwingend voraussetzt. Der Aufbau ist absichtlich nicht im Detail beschrieben, denn bei unsachgemäßem Betrieb ist dieses Spiel mit Gefahren für Leib und Leben verbunden.

Gelegentlich kommt eine Leiter zum Einsatz. Diese Leiter ist eine baumarktübliche einteilige Sprossenleiter ohne scharfe Kanten.

In erster Linie soll dieses Buch ein Handbuch für Spielleiter sein. Ein Spielleiter leitet, wie der Name sagt, Spiele an. Das tut er absichtsvoll. Er diagnostiziert den Status der Gruppe in Hinsicht auf ihre Zusammenarbeit im Team, wählt die Spiele aus und erfragt eine Rückmeldung. Ziel ist, die Spieler im Teamwork zu schulen und ihnen nach Möglichkeit neue Wege der Zusammenarbeit mit anderen zu eröffnen.

Die in diesem Band vorgestellten Spiele können ihre Anwendung in einem Teamtraining für (fast) alle Altersklassen finden. Dabei unterliegen sie einer Systematik.

Die Spiele haben jeweils vier Phasen, wovon zwei vor der eigentlichen Spielphase liegen und von den Spielern nicht wahrgenommen werden:

1. *Die Analyse.* Aus einer Vorbesprechung, dem ersten Eindruck oder den vorangegangenen Spielen hat der Spielleiter einen Eindruck gewonnen, welche Themen auf welche Weise behandelt werden sollten.
2. *Die Spielauswahl.* Diesem Eindruck folgend wählt er ein geeignetes Spiel aus und stellt es den Spielern vor.
3. *Die Durchführung.* Der Spielleiter erklärt das Spiel und seine Regeln. Fragen der Teilnehmer werden beantwortet. Wenn sich alle über den Ablauf und die Regeln im Klaren sind, startet er das Spiel. Es sollten möglichst wenige Regeln sein, die zudem einfach, klar und vollständig kommuniziert werden. Zeichnet sich ab, dass die Gruppe die gestellte Aufgabe zwar regelkonform, aber nicht im beabsichtigten Sinn löst, sollte der Spielleiter darauf verzichten,

während des Spiels Regeln nachzuschieben (»ach übrigens...«) oder zu präzisieren. In diesem Fall ist es besser, die Leistung anzuerkennen und einen neuen Durchgang mit angepassten Regeln starten (»und wie würdet ihr die Aufgabe lösen, wenn...?«).
4. *Die Auswertung.* In einer kurzen Nachbesprechung geben Teilnehmer und Spielleiter blitzlichtartig ihre Eindrücke wieder. Sollte sich dabei dringender Gesprächsbedarf ergeben, zum Beispiel bei Konflikten, muss diesem Bedarf unbedingt Vorrang eingeräumt werden.

Nicht nur die Spiele selbst unterliegen in ihrem Ablauf einer Systematik. Sie bauen im Idealfall thematisch aufeinander auf und ergeben eine Spielefolge mit typischerweise 3 Kategorien. Diese sind:

- Spiele zum *Kennenlernen* und zum Miteinander-warm-werden. Hierbei setzt der Spielleiter erstens einen Startpunkt, an dem die persönlichen Gespräche und Belange des einzelnen Spielers in den Hintergrund treten und die Gruppenaktivität beginnt. Zweitens nimmt man Mitspieler unter Umständen aufgrund ihres Verhaltens in neuen Situationen anders wahr.
- Spiele, die die Themen *Unsicherheit und Angst* zum Gegenstand haben. Sie sind nicht nur Spiegel für die einzelnen Spieler, wie sie mit Situationen umgehen, in denen sie unsicher sind oder gar Angst haben. Sie geben der Gruppe auch die Möglichkeit, Schwächen Einzelner auszugleichen und ihre Stärken zu nutzen. Dem Einzelnen können sie die Sicherheit geben, durch die Gruppe unterstützt und aufgefangen zu werden. Stellt der Spielleiter fest, dass das nicht funktioniert, bezieht er das in seine Gruppenanalyse ein und thematisiert es.
- *Kooperationsspiele.* Hier können die Spieler all die in der Theorie beschriebenen Aspekte einbringen und anwenden. Der Spielleiter beobachtet die Fortschritte und gibt Rückmeldung. Seine Eindrücke sind auch Grundlage für die Auswahl der folgenden Spiele.

Sonderkategorien bilden Spiele, die der Spielleiter jederzeit in besonderen Gruppensituationen einsetzen kann:

- Spiele, die verdeutlichen sollen, dass Teamwork kein Wert an sich ist, sondern auch *Grenzen* hat, und dass man sich vor jeder Aktion über sein Ziel und den geeigneten Weg dorthin klar werden sollte. Man kann die gestellten Aufgaben im Team lösen. Manche Gruppen werden das auch tun, weil sie das in den vorangegangenen Spielen als selbstverständlich begriffen haben. Es ist aber einfacher oder schneller, sie nicht im Team, sondern im kleineren Kreis oder gar individuell zu lösen. Falls diese Erkenntnis nicht von selbst in der Nachbesprechung auftaucht, sollte der Spielleiter sie einbringen.
- Spiele zur *Entschleunigung* kann der Spielleiter immer dann einflechten, wenn er den Eindruck hat, die Gruppe braucht eine Pause von der Körperlichkeit der vorangegangenen Spiele. Damit die Spieler nicht in einen Aktionismus verfallen, in dem immer neue Thrills in immer schnellerer Folge auf sie einprasseln, kann er Spiele zwischenschalten, in denen die Spieler zur Ruhe kommen oder sich mehr auf sich selbst besinnen.
- Beim Wiedereinstieg nach längeren Pausen hat man oft das Problem, dass die Spieler mit ihren Gedanken noch nicht wieder anwesend oder körperlich so weit heruntergefahren sind, dass die Spiele zäh werden. Das ist insbesondere nach Mittagspausen der Fall. Jetzt braucht man ein einen »*Energizer*«. Das ist eine kurze, aber intensive körperliche Aktion. Dafür eignen sich Wettspiele, bei denen Teilgruppen gegeneinander spielen. Sie können kooperative Elemente haben, müssen das aber nicht unbedingt.
- Ein weiteres Feld sind Spiele zum Training von *Kommunikation*. Wenn der Spielleiter hier Defizite erkennt, kann er sie in die Spielefolge aufnehmen. Diese Spiele stellen die Spieler vor die Herausforderung, anders als gewohnt zu kommunizieren. Steht bei den Kooperationsspielen die verbale Kommunikation als effektivstes Mittel der Problemlösung im Vordergrund, ist es mit ihnen möglich, andere Kommunikationsformen zu stärken. Auf diese

Weise treten eventuell auch Spieler in den Vordergrund, deren Stärke nicht die verbale Kommunikation ist.

Die *Abfolge der Spiele* hat nur empfehlenden Charakter. Ein Spielleiter muss situativ auf erkannte Probleme reagieren und die Spielefolge so anpassen, dass er das jeweils passende Spiel für die Situation anbietet.

Gleichzeitig müssen die Spiele dem Alter und dem Vermögen der Teilnehmer angemessen sein. Die Kommunikation einer Schulklasse unterscheidet sich fundamental von der erwachsener Spieler. Auch das Bedürfnis nach Bewegung ist unterschiedlich. Zudem gibt es körperliche Voraussetzungen, die zu berücksichtigen sind. Der Spielleiter sollte vor Beginn körperliche Einschränkungen abfragen und zum Beispiel keine Aufgabe stellen, bei der stark übergewichtige Teilnehmer über ein Hindernis gehoben werden müssen.

Der Spielleiter kann nach eigenem Ermessen *Hilfsmittel* anbieten. Dabei sollte er Hilfen nicht zu früh ins Spiel bringen. Werden Hilfen in Situationen angewendet, in denen sie (noch) nicht nötig sind, wird eventuell eine Lösung der Spieler ohne diese Hilfsmittel verhindert und die Teamleistung gemindert. Es ist eine Überlegung wert, ob die Gruppe für alle Spiele ein festes Paket an Hilfsmitteln bekommt, die im einen Spiel nützlich, im anderen wertlos sind, und die sie nach eigener Einschätzung und vorangegangener Diskussion verwenden können.

Grundsätzlich sollte eine breite Palette an Hilfsmitteln angeboten werden, damit nicht die Gefahr besteht, dass der Spielleiter bestimmte Lösungswege provoziert oder bevorzugt. Allerdings dürfen dabei keine Dinge sein, die eine Lösung der gestellten Aufgaben zu einfach machen und damit die Gruppenleistung mindern. Es können auch Hilfsmittel offeriert werden, die auf keinen Fall zum Erfolg beitragen. Diese Hilfsmittel verwirren die Gruppe und zwingen sie zum Nachdenken über Strategien; sie werden bei den benötigten Materialien der einzelnen Spiele nicht aufgeführt.

Bei der *Auswahl der Örtlichkeiten* für eine Spielefolge gibt es widerstreitende Kriterien. Auf der einen Seite braucht man für manche Spiele viel Platz oder Höhe. Auf der anderen Seite ist man ungern abhängig vom Wetter oder ruhebedürftigen Nachbarn. Ein sehr guter Kompromiss wäre eine Sporthalle, die hat man aber oft nicht zur Verfügung. Ein weiterer akzeptabler Kompromiss ist ein größerer Raum mit Zugang zum nutzbaren Außenbereich. Hier kann man je nach Bedarf und Wetter wechseln. Wenn in diesem Außenbereich dazu noch Bäume stehen, kann der Spielleiter auch Aufgaben stellen, bei denen Seile fixiert werden müssen.

Noch ein paar kurze Bemerkungen zur *Sicherheit:*

- Spiele, bei denen die Spieler eine Höhe von mehr als 60 cm über dem Boden erreichen, sollten nach Möglichkeit nicht über verdichtetem Boden oder in Innenräumen gespielt werden. Lässt sich das nicht vermeiden, ist Hilfestellung geboten. Besonders wichtig ist die Höhe über Grund für Spiele, bei denen Spieler auf einem Seil stehen und bei ungeplantem Abstieg mit den Füßen auf verschiedenen Seiten des Seils aufkämen. Die Seilhöhe muss unterhalb der Schritthöhe des kleinsten Teilnehmers liegen!
- Insbesondere bei Spielen, die aufgrund der Höhe ein gewisses Risiko in sich bergen, muss der Spielleiter vor Beginn die motorischen Fähigkeiten der Spieler einschätzen. Im Zweifel sollte er das geplante Spiel in der Spielefolge nach hinten schieben oder es überhaupt aus der Spielekette entfernen.
- Bei Spielen, in denen Sinne ausgeschaltet werden, zum Beispiel durch verbundene Augen, ist besondere Vorsicht geboten. Hindernisse dürfen nicht zur Gefahr werden. Sie sollten weich sein, damit sie bei Berührung nicht schmerzhaft sind. Sie sollten auch halbwegs rutschfest sein, damit ein Spieler nicht ausrutscht, wenn er darauf tritt.
- Grundsätzlich sind körperliche Einschränkungen zu Beginn der Spielefolge abzufragen und zu berücksichtigen.
- Unsicherheiten, Ängste und sonstige Einschränkungen sind zu berücksichtigen. Das heißt nicht, dass der Spielleiter keine Spiele anbietet, in denen Spieler unter Umständen unsicher oder ängstlich sein könnten. Er sollte aber insofern darauf eingehen, dass er

es in einem ersten Schritt zur Gruppenaufgabe macht, dem beeinträchtigten Spieler seine Ängste zu nehmen. Dabei ist sorgfältig zwischen Hilfe durch die Gruppe und einem Gruppendruck zu unterscheiden. Sollte dieser erste Schritt nicht ausreichen, kann der Spielleiter in einem zweiten Schritt das Spiel so variieren, dass es allen Spielern möglich wird, daran teilzunehmen. Sollte auch dieser Schritt nicht zum Erfolg führen, sollte er das Spiel abbrechen. Dieser Schritt muss in einer Einzelauswertung thematisiert werden.
- Kein Spieler sollte zur Teilnahme gezwungen werden. Weigert sich ein Spieler, an der Lösung der Aufgabe mitzuwirken, und ist die Aufgabe deswegen nicht zu erfüllen, sollte das Vorgehen des Spielleiters analog zur Vorgehensweise bei Unsicherheiten und Ängsten sein.

Zusammenfassend kann man sagen, dass der Spielleiter die Spieler zwar dazu ermuntern soll, (subjektive) Wagnisse einzugehen, sie aber keinen (objektiven) Risiken aussetzen soll.

Das *Zeitmanagement* ist bei Kooperativen Abenteuerspielen immer ein Problem. Wie lange ein Spiel dauert, hängt von vielen Faktoren ab. Nicht nur die Gruppengröße entscheidet darüber, sondern auch die Gruppenkonstellation. Gibt es bereits eine Kommandostruktur oder hat sie sich schnell gebildet? Gibt es Vorerfahrungen in puncto Kooperative Abenteuerspiele in der Gruppe? Der Spielleiter sollte immer ein paar Spiele in der Hinterhand haben, die er einsetzt, wenn die Gruppe die Aufgaben schneller als erwartet löst. Er kann außerdem bei einigen Spielen eine Zeitvorgabe machen (»schafft Ihr das in ... Minuten?«)

Im Folgenden Praxisteil werden 56 Spiele beschrieben. Sie sind in die bereits erwähnten 7 Themen unterteilt:

- Aufwärmen und Kennenlernen
- Unsicherheit und Angst
- Kooperation

- Entschleunigung
- Energizer
- Kommunikation
- Grenzen der Kooperation.

Die einzelnen Spiele finden sich am Ende des Buches in einem Register in alphabetischer Reihenfolge mit Angabe der Seitenzahl wieder. Das soll den schnellen Zugriff erleichtern. Auf diese Weise kann dieses Buch als Handbuch für Spielleiter dienen.

Aufwärmen und Kennenlernen

Spiele dieser Kategorie haben folgende Funktionen:

- Sie setzen einen gemeinsamen Startpunkt. Privates tritt in den Hintergrund; die Spieler konzentrieren sich auf das Thema und den Spielleiter.
- Die Spieler nehmen sich gegenseitig wahr und beschäftigen sich miteinander. Kontakte mit Mitspielern, mit denen man bisher vielleicht noch nicht in Kontakt war, werden aufgenommen; eine erste gegenseitige Einschätzung findet statt.
- Der Spielleiter bekommt einen ersten Eindruck von der Gruppe und einzelnen Spielern. Wer hält sich eher zurück? Wer wird initiativ? Gibt es potenzielle Störer? Welche Kommandostruktur ist erkennbar?
- Der Spielleiter kann aufgrund der Beobachtungen in diesen Aufwärmübungen (Warmups) seine weitere Vorgehensweise und die weitere Auswahl der Spiele festlegen.

In vielen Publikationen zum Thema Spiel finden sich unter dem Label »Spiele zum Kennenlernen« Namensspiele. Darauf soll hier grundsätzlich verzichtet werden. Zum einen kennen Gruppen, die ein Teamtraining absolvieren, die Namen der Mitspieler in der Regel bereits. Zum anderen ist den Namen der Mitspieler zu kennen nur der kleinste Teil des Kennenlernens. Wichtiger ist, die Mitspieler im Handeln zu erleben und sie in ihren Möglichkeiten und Grenzen einschätzen zu können. Falls der Spielleiter Zweifel hat, ob die Namen der Spieler hinreichend präsent sind, kann er mit dem Spiel »Duell« testen, wie präsent sie ihnen sind.

Ergibt sich dennoch die Notwendigkeit eines Namensspiels, bietet sich folgendes Spiel an:

Prolog:
Unglaublich – aber auch wahr?

Jeder Spieler nennt seinen Namen und gibt die 3 unglaublichsten Tatsachen seines Lebens preis. Zwei dieser Behauptungen stimmen, die dritte ist frei erfunden. Die Gruppe entscheidet anschließend, welche Behauptung jeweils falsch war.

Dadurch, dass die Gruppe sich mit den Behauptungen der Spieler befassen muss, bleibt dieser nachhaltiger in Gedächtnis als in Namensrunden, in denen bloß der Name genannt und einige Statements abgegeben werden.

Duell

Material: *1 Decke*
Die Spieler teilen sich in zwei Mannschaften. Der Spielleiter hält eine Decke in der Mitte des Raums. Dahinter versammeln sich die Spieler, jede Mannschaft auf je einer Seite. Sie kauern sich in einer Reihe hintereinander auf den Boden. Die beiden Reihen sind einander zugewandt; ihre jeweiligen Frontleute sind ca. 1 m voneinander entfernt und können den jeweils anderen durch die Decke nicht sehen. Auf »drei, zwei, eins, los!« lässt der Spielleiter die Decke fallen. Welcher der beiden vorderen Spieler zuerst den Namen seines Gegenübers ausspricht, erzielt einen Punkt für seine Mannschaft. Anschließend wird die Decke wieder hochgenommen und zwei andere Spieler kauern sich an die Spitze der Reihe. Das Spiel endet, wenn alle Spieler einmal an der vorderen Position waren.

Mit diesem Spiel lässt sich überprüfen, wie gut sich die Spieler tatsächlich bei ihren Namen kennen.

Ordnung muss sein!

Version 1: Der Spielleiter bittet die Spieler, sich in einer Reihe aufzustellen. Am linken Ende der Reihe sollen die Spieler mit den kleinsten Werten stehen, am rechten die Spieler mit den größten Werten. Kriterien können sein: Lebensalter, Anreisedauer, weiteste Entfernung zu einem bisherigen Urlaubsort etc. Die Spieldauer sollte 5 Minuten nicht übersteigen. Das Ergebnis wird durch den Spielleiter kontrolliert.

Dieses Spiel eignet sich besonders als Einstieg, da es neben dem gemeinsamen Anfang nur die Beschäftigung miteinander zum Ziel hat. Dabei sind die abgefragten Tatsachen auch bei Spielern, die sich gut kennen, oft noch unbekannt, sodass möglicherweise ein Interesse der Spieler an ihren Mitspielern geweckt wird.

Falls das Spiel mit Erwachsenen gespielt wird, und falls das Lebensalter als Ordnungskriterium gewählt wird, kann der Spielleiter auch Monat und Tag (notfalls auch Stunde) der Geburt abfragen, nicht aber das Jahr. Damit können eventuelle Peinlichkeiten vermieden werden.

Material: 1 Tuch (Schlafmaske) je Spieler
Version 2: Der Spielleiter bittet die Spieler, sich die Augen zu verbinden. Danach bittet er sie, sich in einer Reihe der Größe nach aufzustellen. Links soll am Ende der kleinste, rechts der größte Spieler stehen.

Dieses Spiel bietet dem Spielleiter einen Einblick in den Umgang der Spieler mit Regeln. Immer wieder versuchen Spieler, unter der Augenbinde durchzulugen. Das kann der Spielleiter im anschließenden Blitzlicht ansprechen. Zudem treten die Teilnehmer vermutlich bei der Abschätzung der jeweiligen Größen in körperlichen Kontakt. Ihr Umgang damit bietet dem Spielleiter Aufschlüsse, welche Spiele er gegebenenfalls besonders einführen oder meiden sollte. Diese Spielversion lässt je nach Alter der Spieler große Unterschiede im Spielverhalten erwarten.

Beim Eingriff in die Sinneswahrnehmung der Spieler ist besondere Vorsicht geboten. Sowohl eine unangemessene Körperlichkeit (insbesondere bei jüngeren Spielern) als auch eine Verletzungsgefahr muss ausgeschlossen werden. Eventuelle Hindernisse müssen vorher beseitigt werden.

Version 3: Der Spielleiter verbietet den Spielern zu sprechen. Sobald dieses Verbot Beachtung findet, gibt er das Kriterium »Schuhgröße« bekannt. Links soll am Ende der der Spieler mit der kleinsten, rechts der mit der größten Schuhgröße stehen.

Dieses Spiel bietet dem Spielleiter einen ersten Einblick in den Umgang der Spieler mit Kommunikation. Welche alternativen Kommunikationsformen wurden entwickelt? Gab es eine einzige oder waren es verschiedene in unterschiedlichen Kleingruppen? Wie formten sich die Kleingruppen dann zur Gesamtgruppe? Gab es Spieler, die den Prozess koordinierten? Auch der Umgang mit Regeln kann hier wieder Thema sein. Besonders jüngeren Spielern fällt es schwer, nicht zu sprechen.

Im anschließenden Blitzlicht kann ausgewertet werden, wie schnell die Spieler alternative Kommunikationsformen entwickelten, ob sie eine gemeinsame oder mehrere Kommunikationsform fanden und ob alle Spieler in die Suche einbezogen waren.

Die drei Versionen dieses Spiels sind nicht alternativ, sondern können (und sollten) nacheinander gespielt werden.

Wildwechsel

Die Spieler stehen auf einem liegenden Baumstamm (einem Bordstein, einer Stuhlreihe etc.). Sie zählen von links nach rechts durch. Jeder merkt sich seine Zahl. Sie sollen nun die Positionen so tauschen, dass sie danach in derselben Reihenfolge von rechts nach links stehen. Wenn ein Spieler den Baumstamm verlässt, muss die gesamte Gruppe neu beginnen.

In diesem Spiel ist die Körperlichkeit im Sinne des Gruppenerfolgs unvermeidbar, um sich gegenseitig auf dem Baumstamm zu halten. Zudem ist eine gewisse Form der Zusammenarbeit nötig. Es wird sich vermutlich eine Kommandostruktur herausbilden, bei der einige Spieler anderen Anweisungen geben. Diese Beobachtung kann der Spielleiter im Blitzlicht wiedergeben.

Nutzt der Spielleiter eine Stuhlreihe, findet das Spiel in einer Höhe statt, die Verletzungen möglich macht. Er muss die Teilnehmer beobachten und einschätzen, ob er Hilfestellung geben sollte. Stellt er motorische Schwierigkeiten bei den Spielern fest, muss er gegebenenfalls das Spiel auch in einer anderen Umgebung neu starten oder ganz abbrechen.

Der Gordische Knoten

Die Spieler stellen sich in einer dichten Traube zusammen. Jeder Spieler greift mit seiner linken Hand irgendeine rechte und mit seiner rechten Hand irgendeine linke. Dabei darf er nicht zwei Hände desselben Spielers wählen. Jetzt muss sie Gruppe sich so entflechten, dass am Ende ein Spielerkreis entsteht. Dabei dürfen die Hände zu keiner Zeit losgelassen werden. Gelegentlich entstehen auch mehrere Kreise.

Material: 1 Seil ca. 20 m
Variante: Der Spielleiter hat eine lange Schnur mit mehreren Knoten. Die Spieler greifen mit je einer Hand diese Schnur und dürfen sie zu keinem Zeitpunkt loslassen. Jetzt müssen die Knoten gelöst werden.

Ohne eine Absprache in der Gruppe kann das Lösen des einen Knotens einen neuen Knoten an anderer Stelle zur Folge haben.

Der Spielleiter kann die Schwierigkeit variieren, indem er verschieden komplizierte Knoten ins Seil bindet.

Unsicherheit und Angst

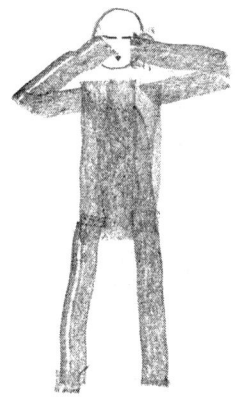

Spiele dieser Kategorie decken Unsicherheiten oder gar Ängste der Spieler auf. Das mag den einzelnen Spieler beunruhigen. Man zeigt nicht gerne Unsicherheit, und Angst zu haben ist besonders für männliche Spieler ein Tabu. Der Spielleiter sollte daher diese Spiele besonders einführen. Klar ist, dass jedes Teammitglied seine Ängste und Unsicherheiten hat und diese ins Team einbringt. Ein Team, das die Schwächen seiner Mitglieder kennt und sie zu nehmen weiß, kann Erfolg haben. Ein Team, das sie nicht kennt, wird im entscheidenden Moment an diesen Schwächen scheitern. Zudem kann es auch persönlich entlastend sein, seine Ängste nicht dauernd verbergen zu müssen. Sich hier zu öffnen, kommt einem Miteinander zugute.

Thema der Spiele dieser Kategorie ist auch die Unterstützung durch die Gruppe. Kann ein Spieler, der Angst hat, durch Zuspruch und Ermunterung der Mitspieler letzten Endes Teil der Lösung sein? Wird Unterstützung eventuell zum Gruppendruck oder gar zum Gruppenzwang, der den Spieler zu Handlungen bringt, die er nicht möchte? Hier ist besondere Aufmerksamkeit des Spielleiters gefragt.

Die Praxis Teil 1: Die Spiele

Das Förderband

Die Spieler stehen sich gegenüber und bilden so eine Gasse. Je 2 gegenüberstehende Spieler halten sich an den Händen fest. Die Gruppe reicht nun auf den Armen jeweils einen Spieler auf dem Rücken liegend weiter. Dieser erleichtert der Gruppe die Aufgabe, indem er Körperspannung aufbaut.

Dieses Spiel sollte bei Zweifeln an den motorischen Fähigkeiten der Spieler oder bei großen Gewichtsunterschieden über losem Untergrund gespielt werden, um das Verletzungsrisiko zu minimieren.

Die Hängebrücke

> Ihr müsst eine tiefe Schlucht überqueren. Zum Glück findet ihr eine Hängebrücke.

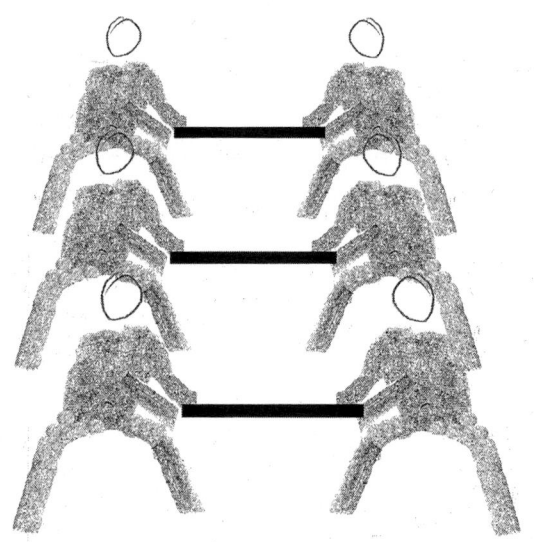

Unsicherheit und Angst

Material: *1 Holzstab je 2 Spieler, ca. 35 mm Durchmesser*
Die Spieler stehen sich gegenüber und bilden so eine Gasse. Je 2 gegenüberstehende Spieler halten einen Rundstab mit beiden Händen. Es ergibt sich so eine Art Hängebrücke. Die Spieler gehen der Reihe nach über diese Brücke und stützen sich bei Bedarf an den Schultern oder den Köpfen der Spieler in der Gasse ab.

Dieses Spiel sollte bei Zweifeln an den motorischen Fähigkeiten der Spieler über losem Untergrund gespielt werden, um das Verletzungsrisiko zu minimieren.

Die Aufgabe wird für den jeweiligen Brückenbenutzer einfacher, wenn die übrigen Spieler mit den Schultern eng zusammenrücken, da die Schritte dadurch kleiner werden können.

Besondere Beachtung verdienen die Rundstäbe. Sie dürfen nicht unter der Last der Spieler brechen. Erfahrungsgemäß hält ein Holzstab mit mindestens 35 mm Durchmesser der Belastung auch durch kräftigere Spieler stand, wenn er nicht aus einzelnen Stücken zusammengeleimt, sondern aus einem Stück Holz, am besten Buche, gedrechselt wurde.

Das Körpergewicht der Spieler ist zum Teil sehr unterschiedlich. Sind Spieler über 100 kg dabei oder ist das Verhältnis vom leichtesten zum schwersten Spieler zu groß, sollte man auf dieses Spiel verzichten.

Um die Körper der Spieler nicht über Gebühr zu belasten, müssen sie beim Halten der Stäbe aufrecht stehen, den Stab mit beiden Händen halten und die Arme ausgestreckt lassen. Dadurch wird allerdings der Einstieg schwieriger als in den Fällen, in denen das erste Paar den Rücken beugt und den Stab damit absenkt. Der Spielleiter oder ein überzähliger Spieler sollte daher dem jeweils aktiven Spieler auf die Hängebrücke helfen.

Minesweeper

Material: *Mausefallen, 1 Tuch (Schlafmaske), Absperrband*
In einem mit Seil, Absperrband oder ähnlichen Materialien abgesperrten Areal von ca. 4 x 4 m sind gespannte Mausefallen auf dem Boden verteilt. Ein Spieler, dessen Augen verbunden sind, wird von den übrigen Spielern von außerhalb des abgesperrten Areals mit Worten durch dieses gelotst. Dabei darf er die Fallen nicht auslösen.
Die Unsicherheit entsteht bei diesem Spiel durch die eingeschränkte Sinneswahrnehmung. Die Kommunikation ist in vielen Fällen vor dem Spiel nicht unmissverständlich vereinbart, sodass auch dadurch eine weitere Unsicherheit entsteht. So kann beispielsweise der Befehl »rechts« sowohl einen Schritt nach rechts als auch eine Drehung nach rechts bedeuten. Ebenso unklar ist oft die Schrittweite oder der Winkel der Drehung.
Bemerkt der Spielleiter, dass die Aufgabe nicht erfüllt wurde, weil die Kommunikation im Vorfeld der Aktion unzureichend vereinbart wurde, kann er das ansprechen und der Gruppe einen weiteren Versuch anbieten.

Durch die eingeschränkte Sinneswahrnehmung ist der Spielleiter in der Pflicht, Unfälle auszuschließen. Es dürfen zum Beispiel keine Gegenstände auf dem Boden liegen, über die der Spieler stolpern und sich dadurch verletzen könnte. Die Spieler sollten wegen der Mausefallen feste Schuhe tragen.

Night Line

> Ihr seid auf einer Expedition im Dschungel. Euer Lager ist nur noch wenige Meter entfernt, aber die Nacht ist hereingebrochen. Ihr müsst euch zusammen durch die Dunkelheit kämpfen und dürft dabei die anderen nicht verlieren.

Material: *1 Tuch (Schlafmaske) je Spieler, Seil ca. 50 m*

Die Gruppe bewegt sich mit verbundenen Augen entlang eines langen Seils durch einen Hindernisparcours (Unterholz in einem Waldstück, Tische und Stühle im Seminarraum oder ähnliches).

Durch die Seilführung, die der Spielleiter vorher und für die Spieler nicht einsehbar konstruiert hat, lassen sich sehr unterschiedliche Schwierigkeiten erzeugen.

Interessant zu beobachten ist, ob sich innerhalb der Gruppe eine Führungsstruktur ergibt oder ob jeder für sich durch den Parcours tastet. Thema des Blitzlichts kann auch sein, inwieweit die Spieler sich gegenseitig geholfen haben. Haben sie andere auf Gefahren aufmerksam gemacht? Haben sie die eigenen Erfahrungen an die nächsten Spieler weitergegeben? Oder hatten sie gar Spaß an den Schwierigkeiten der übrigen Gruppenmitglieder?

Falls die Night Line im Freien gespielt wird, sollte der Spielleiter darauf hinweisen, dass die Kleidung der Spieler schmutzig werden könnte.

Die Himmelsleiter

Material: 1 Leiter

Dieses Spiel lässt sich in vier Varianten spielen. Grundsätzlich geht es darum, dass jeweils ein Spieler auf einer Seite einer Leiter auf- und auf der anderen Seite wieder absteigt. Die Leiter steht frei und wird nur durch die übrigen Spieler gehalten. Die Leiter kann bis zu 11 Sprossen haben. Mehrteilige Leitern sollten wegen der Kanten am Übergang der einzelnen Elemente nicht eingesetzt werden.

 Bei diesem Spiel wird eine gewisse Höhe erreicht. Daher sollte es über losem Untergrund gespielt werden, um das Verletzungsrisiko zu minimieren. Die Spieler sollten die Leiter nicht an den Sprossen halten, sondern an den Holmen, da der Spieler, der auf ihr unterwegs ist, ihnen anderenfalls auf die Hände treten könnte. Die Anzahl der möglichen Haltenden verringert sich zwar dadurch (weil an den Holmen in erreichbarer Höhe nicht genug Platz für alle Hände ist); es genügen aber erfahrungsgemäß je 4 Spieler an beiden Seiten für eine ausreichende Stabilität. Die Haltemannschaften können mit jedem Wechsel der Spieler ausgetauscht werden.

Da Höhe bei einigen Spielern mit Angst besetzt ist, muss der Spielleiter unter Umständen Hilfen geben. Diese Hilfen können sein:

- **Vertrauensaufbau.** Flapsige Sprüche und derbe Scherze der haltenden Spieler, die in der Regel aus einer eigenen Unsicherheit heraus gemacht werden, sollten unterbunden werden.
- **Motivation.** Der Spielleiter sollte die Motivation durch die Gruppe anregen. Wichtig dabei ist die Unterscheidung von Unterstützung und Gruppendruck oder gar Gruppenzwang.
- **Kleinere Ziele bzw. Teilziele.** Der Spielleiter kann auch das Angebot machen, die Leiter nicht bis ganz oben zu besteigen, sondern beispielsweise nur bis zur Hälfte. Er kann auch anbieten, nur wenige Sprossen zu ersteigen und sich dann eventuell neue Ziele zu setzen.

Im Blitzlicht kann der Umgang mit Angst beleuchtet werden. Dabei spielt nicht nur die Angst vor Höhe eine Rolle, sondern auch die Angst, vor der Gruppe zu versagen. Zusammen mit der Frage nach Angst lässt sich auch das Thema »Mut« bearbeiten. Ist der Spieler besonders mutig, der ohnehin keine Angst hatte? Oder ist eher der Spieler mutig, der seine Angst besiegen konnte? Und wie steht es um den Mut desjenigen Spielers, der sich vor allen anderen Spielern die Blöße gab, die Leiter gar nicht erst zu besteigen?

Ebenso kann die Unterstützung durch die Gruppe Thema sein. Wurde sie als Hilfe oder als Belastung empfunden? War es Motivation oder Gruppendruck? Wie ernst nahmen die übrigen Spieler die Verantwortung für die Sicherheit des Einzelnen?

Material: *1 Tuch (Schlafmaske), 1 Leiter*
Neben der beschriebenen Grundversion kann man die Himmelsleiter auch in **Variante 2** mit verbundenen Augen überqueren. Hier kommt

zur Angst vor Höhe auch die Unsicherheit der eingeschränkten Sinneswahrnehmung.

Material: *1 Leiter, 4 Seile ca. 10 m*
Weiterhin kann die Gruppe als **Variante 3** die Leiter, anstatt direkt mit den Händen, auch mit 4 Seilen halten, die zwischen der obersten und der zweitobersten Sprosse angebracht sind, in 4 verschiedene Richtungen gezogen werden können und durch jeweils mindestens 2 Spieler im Gleichgewicht gehalten werden. Die Seile sollten mindestens 10 m lang sein. Man kann die Seile direkt in die Leiter einbinden. Dazu empfiehlt sich der Palstek (siehe Material und Technik: Knoten).

Hierbei ergibt sich die Schwierigkeit für die Haltenden, sich zu koordinieren, damit die Leiter im Gleichgewicht bleibt. Mehr körperlicher Einsatz bedeutet dabei nicht in jedem Fall höhere Stabilität. Wenn die Haltemannschaften sich gegenseitig aus dem Gleichgewicht ziehen, ist die Leiter nicht standfest. Das schafft weitere Unsicherheit beim jeweiligen Kletterer.

Material: *1 Tuch (Schlafmaske), 1 Leiter, 4 Seile ca. 10 m*
Zu guter Letzt lässt sich auch diese Version als **Variante 4** mit verbundenen Augen spielen.

Von Fall zu Fall

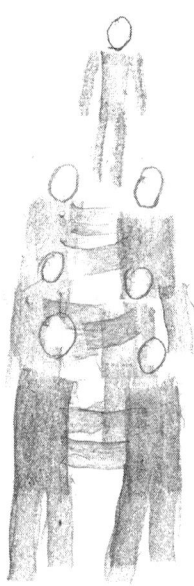

Die Spieler stehen sich Schulter an Schulter in einer Gasse mit einem Abstand von ca. 70–80 cm (so dicht, dass die gesamte Schulterbreite eines Menschen auf den Unterarmen liegen kann) gegenüber und strecken die Arme nach vorne. Am Anfang dieser Gasse steht ein Spieler auf einem ca. 1,5 m hohen Podest (Baumstumpf, Leiter etc.). Er lässt sich getreckt in die Gasse fallen, die ihn auffängt.

Dieses Spiel ist wie kein anderes ein Sinnbild für die Möglichkeit eines Teams, seine Mitglieder aufzufangen, muss aber unbedingt gut vorbereitet werden, da das Verletzungsrisiko erheblich ist. Es muss auf sehr lockerem Untergrund gespielt und die Spieler müssen sehr genau instruiert werden. Bei Zweifeln an der Konzentration oder der Einstellung einzelner Spieler sollte der Spielleiter das Spiel abbrechen.

Folgende Punkte verdienen Beachtung:

- Mit Spielern über 100 kg Körpergewicht oder Gruppen mit gewichtsmäßig sehr unterschiedlichen Spielern sollte man dieses Spiel nicht spielen.
- Alle Spieler müssen Brillen, Uhren, Schmuck und herausstehende Teile ablegen.
- Die fallenden Spieler legen die Arme entweder an den Körper an oder strecken sie über den Kopf aus, sodass sie eine schmale Silhouette bilden und nicht mit abstehenden Körperteilen Spieler in der Gasse verletzen.
- Die Spieler in der Gasse dürfen sich nicht an den Händen festhalten, da die so entstehenden »Fäuste« einen harten Punkt bilden und für den fallenden Spieler schmerzhaft sein können.
- Wenn die fallenden Spieler sich vorwärts fallen lassen, können empfindliche Körperteile berührt werden. Besonders bei jüngeren Spielern kann das zu unangemessenen Berührungen führen.
- Wenn die fallenden Spieler sich rückwärts fallen lassen, besteht die Gefahr, dass sie aus Unsicherheit in der Hüfte abknicken. Dadurch liegt für die fangenden Spieler nahezu die gesamte Last im Hüftbereich. Der Spielleiter muss darauf achten, dass die kräftigsten Spieler zum Fangen dort platziert sind. Außerdem muss der fallende Spieler instruiert werden, das zu vermeiden.
- Der fallende Spieler muss vom Spielleiter so ausgerichtet werden, dass er tatsächlich gerade in der Gasse landet. Schon geringe Winkelabweichungen führen dazu, dass er mit Kopf oder Schulter die Schultern oder Köpfe der fangenden Spieler berührt und es zu Verletzungen kommt.

Das Spiel kann in Varianten gespielt werden:

- Der fallende Spieler kann mit verbundenen Augen fallen.
- Die Gasse kann in einem gewissen Abstand zum fallenden Spieler stehen, sodass er springen muss. In diesem Fall muss der Fall vorwärts erfolgen.

- Die fangenden Spieler haben die Arme unten und heben sie erst im Sprung. Hierbei ist es sinnvoll, vorwärts zu springen.
- Die fangenden Spieler haben die Arme unten und heben sie erst auf Zuruf des fallenden Spielers. Auch hierbei ist es sinnvoll, vorwärts zu springen.

Bei diesem Spiel, besonders aber beim Spiel in den Varianten muss man über Sicherungsmaßnahmen nachdenken, die über einen lockeren Untergrund hinausgehen. Ein Weichboden in Sporthallen ist hier eine gute Möglichkeit.

Kooperation

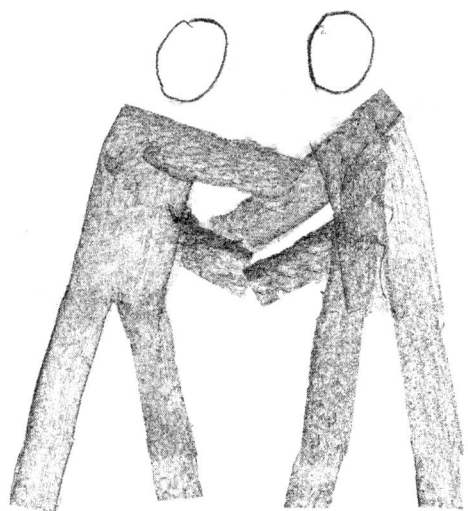

Kooperationsspiele stellen die Spieler als Gruppe vor Aufgaben, die schwierig sind oder ihnen gar unmöglich zu lösen scheinen. Auch mit überragenden Fähigkeiten können einzelne Spieler die meisten dieser

Aufgaben nicht allein lösen. Viele Aufgaben bestehen zudem darin, dass die gesamte Gruppe ein Ziel erreicht, sodass das Vorpreschen Einzelner per se nicht zum Ziel führt.

Die Aufgabenstellungen haben einen hohen Bedarf an Kommunikation und Koordination. Gruppen sind dann erfolgreich bei der Lösung der gestellten Aufgaben, wenn sie die Kenntnisse und Fertigkeiten, die in der Gruppe vorhanden sind, erkennen und kombinieren können.

Nur durch intensive Planung, Abfrage von Kenntnissen oder Fertigkeiten einzelner Spieler und Festlegen einer Strategie kann eine Lösung erreicht werden. Oft gibt es mehr als eine Lösung. Dann gilt es, die einzelnen Vorschläge gegeneinander abzuwägen. Dabei werden Eigenschaften wichtig, die im Alltag oft nicht in diesem Maß gefordert werden: Zuhören, Initiative, Hilfsbereitschaft und Fantasie.

In der Auswertung der Spiele dieser Kategorie muss der Spielleiter den Spielern eine Rückmeldung über den Weg zur Lösung geben. Dazu sollte er diesen natürlich genau beobachtet haben.

Seitenwechsel

Material: *1 Tuch (Schlafmaske) je Spieler, 10–20 Fußmatten, Absperrband*
In einem abgesperrten Bereich liegen Fußmatten (Teppichfliesen, Holzplatten oder ähnliches), die nicht verschoben werden können. An 2 gegenüber liegenden Seiten dieses Bereichs stehen sich 2 Mannschaften gegenüber. Die Mannschaften müssen nun durch den abgesperrten Bereich auf die jeweils andere Seite gelangen, ohne dass die Spieler den Bereich außerhalb der Fußmatten berühren. Gelingt das nicht, muss der Spieler, der die Fußmatte verfehlt hat, zum Ausgangspunkt zurück.

Die Spieler, die sich im abgesperrten Bereich befinden, haben verbundene Augen und werden von ihrer restlichen Mannschaft durch Zuruf gelotst. Begegnen sich zwei Spieler, können sie sich außerdem untereinander absprechen, wie sie aneinander vorbeikommen, ohne den Boden zu berühren.

Der Spielleiter bestimmt durch die Anordnung der Fußmatten die Schwierigkeit des Parcours.
Die Mannschaften bekommen zur Spielvorbereitung 5 Minuten Zeit. Obwohl es mit zwei Mannschaften gespielt wird, ist dieses Spiel kein Wettbewerb, sondern eine kooperative Übung.

Bombenentschärfung

> Eine Flasche mit einer farblosen Flüssigkeit steht in der Mitte eines belebten Platzes! Limo oder Nitroglyzerin? Der Bereich um die »Bombe« wurde bereits abgesperrt. Jetzt seid ihr als Entschärfungskommando gefragt. Transportiert die Flasche mindestens 20 m weit weg, damit sie im Falle einer Explosion keinen Schaden anrichten kann, aber kommt ihr nicht näher als jetzt! Selbstverständlich darf sie dabei nicht umfallen oder auf den Boden kommen, damit sie nicht explodiert!

Material: 1 PET-Flasche, 1 Schnur ca. 20 m, Absperrband
Eine 1,5 l PET-Flasche steht gefüllt in der Mitte eines abgesperrten Areals von ca. 4 x 4 m. Dieser Bereich darf nicht betreten werden.
Die Gruppe hat die Aufgabe, die Flasche mindestens 20 m weit zu transportieren, ohne ihr näher als 2 m (= die Entfernung zur Flasche in der Ausgangsposition) zu kommen. Die Flasche darf während des Transports nicht den Boden berühren oder umfallen.
Hilfsmittel ist eine ca. 20 m lange Schnur.
Als Flasche wird bevorzugt eine Kunststoff-Pfandflasche verwendet. Diese ist stabiler und hat einen breiten Ring unterhalb des Ausgießers, was die Handhabung per Schnur einfacher macht.

Twister

Das Spiel wird in mehreren Runden gespielt. Die Spieler dürfen den Boden nur mit ihren Händen und/oder ihren Füßen berühren. Etwas anderes als der Boden darf nicht berührt werden; weder Wände noch Möbel oder ähnliches dürfen zur Hilfe genommen werden. Der Spielleiter sagt jeweils die Gesamtzahl der Füße und der Hände an, die am Boden sein sollen. Für die Lösung der gestellten Aufgabe hat die Gruppe jeweils 1 Minute Zeit.

Mit zunehmender Spieldauer werden die gestellten Aufgaben immer schwieriger. Die Gruppe muss sich überlegen, wie sie gemeinsam die Anzahl der Hände und Füße, die am Boden sind, verringern kann. Der Spielleiter sollte auf diesen Gruppenprozess nach Möglichkeit keinen Einfluss nehmen, kann jedoch in besonderen Fällen kleine Hinweise geben. Diese sind zum Beispiel:

- Man kann einen Fuß anheben.
- Man kann auf dem Fuß eines Mitspielers stehen.
- Man kann auf den Händen stehen, wenn ein Mitspieler die Füße festhält.
- Man kann auf Mitspielern sitzen.
- Man kann mehrere dieser Hilfen kombinieren.

Der Spielleiter steigert im Verlauf des Spiels die Schwierigkeit. Anfangs werden die Spieler einzeln agieren. Im weiteren Verlauf des Spiels entsteht zunehmend der Zwang zum gemeinsamen, abgesprochenen Handeln. Die Aufgabenstellungen, bei denen Fantasie und Absprache notwendig wird, beginnt bei weniger als einem Körperteil je Spieler, wobei es einfacher ist, wenn die Füßen überwiegen.

Wasser marsch!

Ein Becher mit einer unbekannten Flüssigkeit steht auf einem belebten Platz. Ist sie harmlos? Oder handelt es sich um einen Terrorangriff? Lieber mal nicht so nah ran! Aber trotzdem muss der Becher hier weg!

Material: 1 Plane 3 x 4 m, 1 Becher
Ein wassergefüllter Becher steht in der Mitte einer Plane mit den Maßen 3 x 4 m. Die Plane liegt auf dem Boden. Die Gruppe bekommt die Aufgabe, den Becher mindesten 10 m weit zu transportieren. Regeln dabei sind:

- Kein Wasser darf verschüttet werden.
- Die Spieler dürfen sich höchstens bis auf einen Meter dem Becher nähern.

Eine mögliche Lösung besteht darin, die Plane aufzunehmen und sie mit Spannung inklusive des Bechers zu bewegen.

Transporter

Die Gruppe soll einen Spieler durch einen Hindernisparcours transportieren. Dieser darf weder den Boden noch ein Hindernis berühren. Spieler, die den zu Transportierenden berühren, dürfen sich nicht von der Stelle bewegen. Erst, wenn sie keinen Kontakt mehr zu ihm haben, dürfen sie sich wieder fortbewegen.
Der Parcours kann vom Spielleiter unterschiedlich schwierig aufgebaut werden.

Flussüberquerung

> Ihr kommt auf eurer Expedition an einen 50 m breiten Fluss, den ihr als gesamte Gruppe überqueren müsst. Ihr habt Treibholzplatten gesammelt, auf denen ihr über das Wasser gelangen könnt. Die dürft ihr niemals loslassen, da sie sonst auf dem Fluss davontreiben.

Material: 1 Teppichfliese je Spieler (minus 1)
Die Gruppe soll eine Strecke von mindestens 50 m überwinden, ohne den Boden zu berühren. Dafür bekommt sie Teppichfliesen, und zwar genau 1 weniger als die Anzahl der Spieler. Diese Teppichfliesen müssen zu jeder Zeit von mindestens einem Spieler berührt werden; sind sie auch nur kurz ohne Berührung, werden sie vom Spielleiter aus dem Spiel genommen.

Alle Spieler müssen das Ziel erreichen. Berührt ein Spieler den Boden, muss er zum Start zurück und darf neu beginnen. Die Teppichfliese lässt er dabei zurück.

Der Zauberstab

Material: 1 Stab ca. 3 m
Ein Stab wird von den Spielern auf den Zeigefingern in Brusthöhe gehalten. Dieser Stab sollte mindestens so lang sein, dass das alle Spieler bequem tun können. Auf ein Zeichen des Spielleiters soll der Stab auf dem Boden abgelegt werden. Alle Zeigefinger müssen zu jeder Zeit Kontakt zum Stab haben. Ist das nicht der Fall, beginnt das Spiel von vorne.

Durch die Auflage, jederzeit den Stab zu berühren, haben die Spieler die Tendenz, den Finger gegen den Stab zu drücken. Das bewegt ihn aber aufwärts statt abwärts. Es erfordert gruppeninterne Absprache, den Stab zu senken.

Das Spinnennetz

> Ihr steht mit eurer Expedition vor dem Netz einer Riesenspinne. Es zu umgehen ist unmöglich. Eine Umkehr kommt nicht in Frage. Ihr habt nur die Chance, durch das Netz zu schleichen, ohne durch dessen Berührung die Spinne zu wecken.

Material: ca. 50 m Schnur
Zwischen Bäumen ist ein Netz gespannt. In Innenräumen kann man Seile zwischen Fenster und Fensterrahmen bzw. Türen und Türrahmen klemmen und damit feste Punkte zur Aufhängung des Netzes schaffen. Dieses Netz wurde zuvor vom Spielleiter geknotet. Die Maschen sind unterschiedlich groß, bieten aber alle einem Menschen die Möglichkeit, sie ohne Berührung des Netzes zu passieren. Das muss nicht unbedingt aufrecht sein; man kann auch durchgereicht werden. Die Anzahl der Maschen muss mindestens so groß sein wie die Zahl der Spieler. Die höchsten Maschen dürfen nur so hoch sein, dass die Spieler eine Person durchreichen können.

Die gesamte Gruppe muss durch dieses Netz hindurch, ohne es zu berühren. Sobald ein Spieler eine Masche passiert hat, ist diese für weitere Spieler gesperrt. Sie wird erst wieder frei, wenn genau dieser Spieler durch genau diese Masche zurückkehrt.

Die Aufgabe besteht darin, dass die gesamte Gruppe durch das Netz gelangt, ohne es zu berühren. Der Spieler, der das Netz berührt, muss zur Ausgangsposition zurückkehren.

Die Spieler erreichen zum Teil eine gewisse Höhe. Der Spielleiter muss darauf achten, dass Spieler, die durch die oberen Maschen gereicht werden, auf der anderen Seite zuverlässig angenommen werden. Stürze in liegender Position bergen ein hohes Verletzungsrisiko. Das gilt insbesondere, wenn nicht über lockerem Untergrund gespielt werden kann.

Das Netz zu bauen ist Bastelarbeit, die zudem auf Gruppengröße und Physis der Spieler abgestimmt werden muss. Man kann es vor Ort mit gespannten Schnüren bauen.

Prost!

Material: *1 Kanne, 1 Becher, 20 m Schnur, Absperrband*
In der Mitte eines abgesperrten Areals von ca. 4 x 4 m stehen eine wassergefüllte Kanne mit Henkel und ein leerer Becher. Dieser soll mit dem Wasser aus der Kanne gefüllt werden, ohne dass das Areal betreten werden darf.
Hilfsmittel ist eine ca. 20 m lange Schnur.
    Für die Lösung dieser Aufgabe gibt es verschiedene Ansätze. Üblicherweise versucht die Gruppe, die Kanne am Henkel mithilfe der Schnur anzuheben und damit den Becher zu füllen.
    Gelegentlich wird auch ein Lösungsansatz gewählt, der den Transport des gesamten Ensembles aus der Verbotszone mit Einschenken außerhalb beinhaltet. Das ist durchaus regelkonform. Möchte der Spielleiter diesen Lösungsansatz ausschließen, kann er einen nicht verschiebbaren Rand um die Fußmatte bauen. Dieser kann zum Beispiel aus Latten bestehen, die am Boden befestigt sind.

So weit, so gut

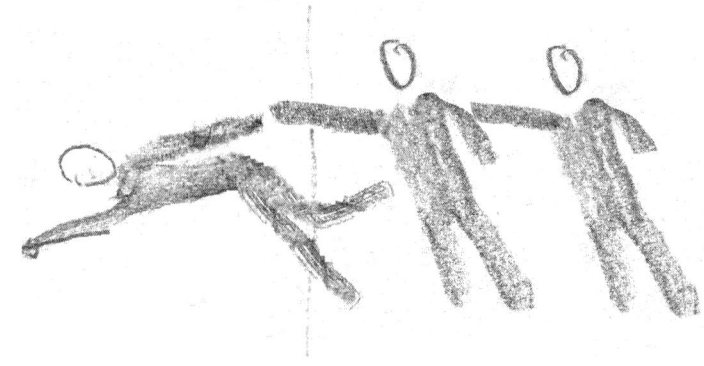

Material: *1 Bauklotz oder ähnliches*
Die Gruppe steht vor einem abgesperrten Bereich, der nicht betreten werden darf. Sie bekommt die Aufgabe, einen Bauklotz oder etwas Ähnliches möglichst weit in diesen Bereich zu stellen, ohne mit irgendeinem Körperteil den Boden zu berühren. Der Klotz darf die Hand (oder ein anderes Körperteil) erst verlassen, wenn er den Boden berührt. Mit anderen Worten: Er darf nicht geworfen werden.
Die Gruppe bekommt 10 Minuten Vorbereitungszeit. Wie weit geht es? Realistisch ist ein Bereich zwischen 2 m und 2,5 m.

Material: *2 Bandschlingen 1,20 m, 2 Karabiner, 1 Seil ca. 10 m*
Variante 1: Der Gruppe werden als Hilfsmaterialien ein 10 m langes Seil, 2 Bandschlingen der Länge 1,20 m und 2 Karabiner angeboten.

Variante 2: Der Spielleiter stellt den Bauklotz an eine bestimmte Stelle im abgesperrten Bereich und fordert die Gruppe auf, diesen zu bergen, ohne den Boden zu berühren.

Balltransport

Material: *1 Ball, 1 Holzstab, 1 Seil ca. 5 m*
Ein Ball liegt auf einer Fußmatte. Die Gruppe soll ihn 10 m weit transportieren und auf einer weiteren Fußmatte ablegen, ohne dass er den Boden berührt. Tut er das, fängt das Spiel von vorne an.

Weißt du noch ...

Material: *div. Legosteine*
Der Spielleiter baut aus Legosteinen ein Gebilde. Die Gruppe hat 5 Minuten Zeit, eine Strategie zu entwickeln. Danach darf sie sich das Gebilde 30 Sekunden lang anschauen. Im Anschluss daran soll sie es mit losen Legosteinen nachbauen. Wird es nur ähnlich oder kann sie es aus dem Gedächtnis exakt nachbauen?

Man kann die Schwierigkeit variieren, indem mehr oder minder komplizierte Gebilde vorgegeben werden. Das Spiel lässt sich auch in mehreren Durchgängen mit steigenden Schwierigkeiten spielen. Zudem kann es in zwei Gruppen gegeneinander gespielt werden. Dabei ist der Vergleich interessant, ob die Gruppe im Vorteil ist, die effektiver auf das kollektive Gedächtnis zugreift.

Alles Gute kommt von oben

Ihr seid auf eurer Expedition schon sehr lange unterwegs und entsprechend hungrig. In einiger Höhe seht ihr an einem Baum einen Eimer an einer Gummischnur hängen. Da das eine übliche Methode ist, Vorräte gegen Bären zu sichern, könnten darin dringend benötigte Lebensmittel sein. Leider stehen Baum, Schnur und Eimer unter Hochspannung. Ihr könnt sie also nicht berühren, auch nicht mit Hilfsmitteln. Trotzdem müsst ihr wissen, was im Eimer ist.

Material: 1 Eimer, dünne Gummischnur ca. 10 m
Ein Eimer hängt in mindestens 5 m Höhe an einer Gummischnur. Die Gummischnur soll so elastisch sein, dass der Eimer, sollte Gewicht in ihm sein, zuverlässig absinkt. Im Eimer befindet sich ein kleiner Gegenstand. Die Aufgabe ist herauszufinden, um welchen Gegenstand es sich handelt. Dabei dürfen weder der Eimer noch die Gummischnur oder das, woran diese befestigt ist (in der Regel ein Baum) berührt werden. Das gilt sowohl für unmittelbare Berührungen als auch für mittelbare Berührungen, zum Beispiel mit einem Stock.

 Eine mögliche Lösung ist, Gegenstände in den Eimer zu werfen. Damit soll der Eimer so schwer werden, dass er durch die Dehnung der Gummischnur auf eine Höhe sinkt, in der man sehen kann, welcher Gegenstand darin verborgen ist. Hier muss der Spielleiter unbedingt darauf achten, dass die geworfenen Gegenstände weder Schaden in der Umgebung anrichten noch andere Spieler treffen.

Kooperation

Eine andere mögliche Lösung könnte sein, eine menschliche Pyramide zu bilden, um in den Eimer zu schauen. Hier muss der Spielleiter eingreifen, wenn er den Eindruck hat, die Höhe wird für die Spieler gefährlich.

Es gab auch schon die Hightech-Lösung, ein Handy im Kameramodus mit einem langen Stock über den Eimer zu bringen und damit eine Aufnahme vom Gegenstand zu machen. Respekt!

Halma für Anfänger

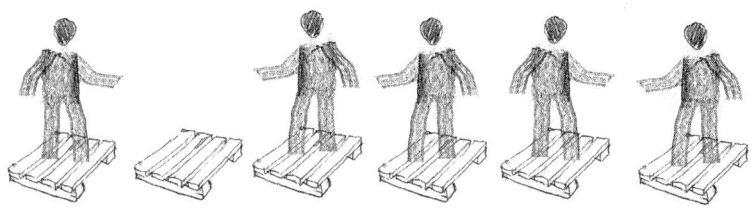

Material: 1 Fußmatte je Spieler +1
Auf dem Boden liegen in einer Reihe Fußmatten (Holzfliesen, kleine Paletten oder ähnliches) in geringem Abstand. Der Abstand zur übernächsten Fußmatte soll maximal einen großen Schritt betragen. Es sind genau eine mehr als die Zahl der Spieler. Die Gruppe ist in zwei Teams geteilt, die sich gegenüberstehen. In der Mitte ist eine Fußmatte frei. Jedes Team soll auf die jeweils andere Seite wechseln. Dazu machen die Spieler Spielzüge. Dabei gelten folgend Regeln:

• Kein Spieler darf den Boden berühren.
• Die Mannschaften bewegen jeweils abwechselnd einen ihrer Spieler.
• Zu keiner Zeit darf mehr als ein Spieler auf einer Matte stehen.
• Ein Spielzug besteht darin, entweder eine Matte vor- oder zurückzugehen oder um einen Spieler herumzugehen, wenn hinter diesem eine Matte frei ist.

Das Blatt wendet sich

Material: 1 Plane 2 x 3 m
Die Gruppe steht auf einer Plane von 2 x 3 m. Ihre Aufgabe ist, die Plane unter sich zu wenden, ohne dass ein Spieler mit irgendeinem Körperteil den Boden berührt.

Variante: Die Gruppe bekommt die Aufgabe, die Plane unter sich ohne Bodenberührung auf die Hälfte zu falten. Danach soll sie sie noch einmal auf die Hälfte falten. Danach noch einmal ...

Ballonparcours

Material: div. Schnüre, 1 Luftballon je Spieler
Zwischen Bäumen sind Schnüre in 30 cm und in 1 m Höhe gespannt. Es gibt mindestens 5 dieser Hindernisse. Jeder Spieler bekommt einen aufgeblasenen Luftballon, der nicht festgehalten werden darf und bis zum Ende des Spiels nicht den Boden berühren darf. Jetzt sollen alle den Parcours durchlaufen, wobei sie jeweils wählen dürfen, ob sie unter den niedrigen Seilen hindurch oder über die hohen hinweg gehen.
  Der Spielleiter erwähnt im Vorfeld nicht ausdrücklich, dass eine Kooperation der Spieler erlaubt ist. Jeder darf auch andere als seinen eigenen Luftballon in der Luft halten.

Odakim – Mikado verkehrt

Material: 1 Brett mit eingeschlagenem Nagel, 1 Nagel je Spieler
An einem Baum (an der Wand) hängt ein Brett, in das ein Nagel eingeschlagen ist. Jeder Spieler bekommt einen ebensolchen Nagel in die Hand. Diese müssen alle auf dem eingeschlagenen Nagel zu liegen kommen. Dabei darf allerdings kein weiterer Nagel in das Brett eingeschlagen werden.

Kooperation

Die Quadratur des Kreises

Material: Seil 20 m, 1 Tuch (Schlafmaske) je Spieler
Ein Seil von ca. 20 m Länge wird zum Ring geknotet. Die Spieler verbinden sich die Augen und bekommen die Schnur vom Spielleiter in die Hand gelegt. Alle Spieler haben zunächst Kontakt zum Seil. Sie bekommen nun die Aufgabe, aus dem Ring ein Quadrat zu bilden und es auf dem Boden abzulegen. Halten sie die Aufgabe für gelöst, nehmen sie die Augenbinden ab und betrachten das Ergebnis.

Es gibt verschiedene Möglichkeiten, die Länge der einzelnen Seiten und die rechten Winkel ohne Sicht zu bestimmen. Dabei ist besonders interessant, auf welche Weise die Entscheidung für den einen oder den anderen Ansatz zustande kommt. Die Wahrnehmung der eigenen Rolle des einzelnen Spielers bei der Entscheidungsfindung weicht oft von der Beobachtung des Spielleiters ab. Das kann im anschließenden Blitzlicht thematisiert werden.

Im Treibsand

> Ihr seid mit eurem Schiff gesunken und konntet euch mit 3 im Wasser treibenden Planken auf eine einsame Insel retten. Auf der Suche nach einer Quelle kommt ihr an Treibsand, den ihr überqueren müsst. Den Treibsand könnt ihr nicht betreten, weil ihr darin versinken würdet. Im Treibsand entdeckt ihr kleine Inseln. Diese Inseln könnt ihr betreten. Eure Planken können euch auf diese Inseln helfen. Die tragen euch aber nur, wenn beide Seiten entweder am Ufer oder auf einer Insel aufliegen. Planken, die auf einer anderen Planke aufliegen, versinken im Treibsand.

Material: 3 Bretter ca. 3 m, 10 Holzfliesen (Teppichfliesen, Papierblätter DIN A4, ...)
Die Gruppe ist mit 3 Brettern (2,5–3 m lang, 10 cm breit) ausgestattet und muss damit ein Areal durchqueren, das nicht betreten werden darf. In diesem Areal sind in einem bestimmten Muster Teppichfliesen (Holzfliesen, Papierblätter DIN A4 etc.) ausgelegt, das nicht verändert werden darf. Die Bretter dürfen nur betreten werden, wenn sie beidseitig aufliegen, und zwar entweder außerhalb des Areals oder auf den Teppichfliesen, da sie sonst im Treibsand versinken. Die Teppichfliesen sind nicht in jedem Fall direkt mit einem Brett erreichbar; eine Verlängerung der Bretter durch Auflegen eines weiteren Bretts ist jedoch nicht möglich, da in diesem Fall nicht jedes Brett beidseitig außerhalb des Areals oder auf den Teppichfliesen aufliegt.
Eine Skizze für ein mögliches Arrangement der Teppichfliesen zeigt Anhang 1.

Kooperation

Der Elektrozaun

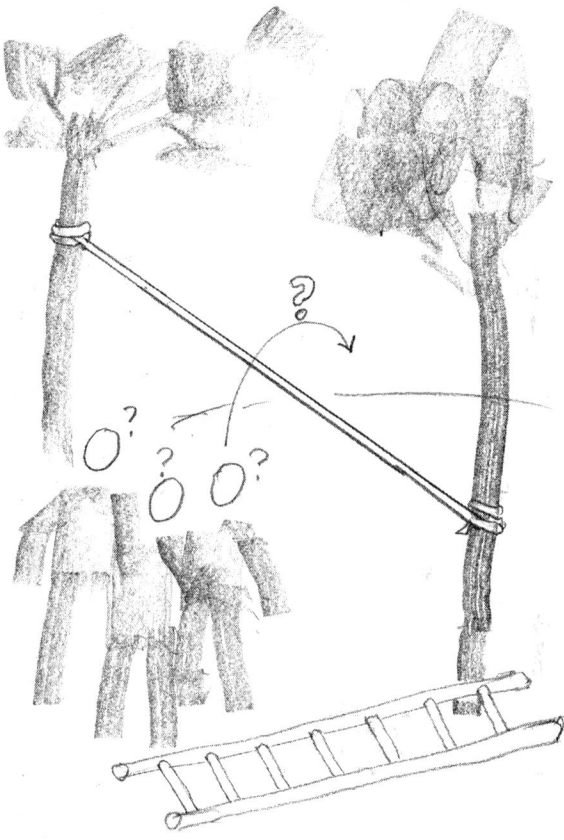

Ihr kommt von einer langen Expedition durch die Wüste zurück. Eine Dusche und ein Kühlschrank voller Getränke sind schon in Sichtweite. Das Einzige, was euch davon noch trennt, ist ein Zaun zwischen zwei Bäumen, der unter Hochspannung steht. Ihr könnt nicht um dieses Hindernis herum und auch nicht darunter durch. Jede Berührung des Zauns oder der Bäume endet tödlich. Ihr müsst alle über den Zaun gelangen, ohne euch selbst zu gefährden.

Material: 1 Leiter, Seil

In ca. 1,20–1,50 m Höhe ist ein Seil gespannt. Es repräsentiert einen bis zum Boden reichenden Zaun. Die komplette Gruppe muss von der einen Seite dieses Seils auf die andere gelangen. Dabei darf sie nicht darunter hindurch oder darum herum gehen; sie muss darübersteigen. Die Spieler dürfen weder das Seil noch das, woran es befestigt ist (Bäume, in Innenräumen Fenster oder Türen etc.) berühren. Das gilt für unmittelbare Berührungen (zum Beispiel mit der Hand) und für mittelbare Berührungen mit Gegenständen (zum Beispiel mit einem Stock). Hilfsmittel sind eine Leiter und einige Gegenstände nach Belieben des Spielleiters.

Die Strategie zur Lösung dieser Aufgabe muss auch die Reihenfolge einschließen, in der die Spieler die Schnur überqueren. Sportliche, große oder sprunggewaltige Spieler neigen dazu, frühzeitig auf die andere Seite zu gelangen. Das ist in gewissem Maß sinnvoll, da sie dann von dort helfen können. Bleiben allerdings nur noch die weniger sportlichen Spieler übrig, hat die Gruppe gegen Ende ein Problem. Besonders der letzte Spieler braucht ein gutes Konzept, da er ohne Hilfe von der eigenen Seite auskommen muss.

Bei einigen Lösungsansätzen werden Vorgehensweisen vorgeschlagen, die aus Sicherheitsgründen unterbunden werden müssen. So ist beispielsweise ein Sprung aus 1,50 m Höhe auf verdichteten Untergrund keine Option. Auch der liegende Transport von Spielern in dieser Höhe bedarf eines Konzepts, das Unfälle ausschließt. Der Spielleiter sollte bei der Planung der Gruppe sehr genau zuhören, um hier frühzeitig eingreifen zu können.

Dichterwettstreit

Material: 1 löcheriges HT-Rohr mit Deckel, 1 Tischtennisball

Ein HT-Rohr mit 120 mm Durchmesser und einer Länge von 50 cm ist an einer Seite mit einem Deckel verschlossen. Es hat mindestens 30 Löcher von mindestens 6 mm Durchmesser. Es steht auf dem

Deckel, mit dem es nach unten verschlossen ist, und ist nach oben offen. Darin liegt ein Tischtennisball. Dieser soll aus dem Rohr herausgeholt werden, ohne dass er berührt wird. Das gilt auch für mittelbare Berührungen, zum Beispiel mit Hilfsmitteln. Das Rohr selbst darf nicht aus seiner Position gebracht werden.
Lösungsmöglichkeiten sind zum Beispiel das Einblasen von Luft oder das Füllen mit Wasser.

Brennelemente bergen

Das Containment eines Atomkraftwerks ist geborsten! Bringt ein neues Containment in den Reaktor und füllt die Brennelemente aus dem alten dort ein. Ihr dürft aber dem Reaktor auf keinen Fall näher als 2 m kommen!

Material: *1 Eimer, 10 Tischtennisbälle, Absperrband, PVC-Schlauch 3 m, Holzstab, Schnur 10 m*
In der Mitte eines abgesperrten Areals von 4 x 4 m liegt ein kaputter Eimer mit 10 Tischtennisbällen darin. Diese sollen in einen intakten Eimer gebracht werden, den die Gruppe zur Verfügung hat. Das Areal darf nicht betreten werden; zu keiner Zeit darf man den Tischtennisbällen näher als 2 m kommen. Das heißt, dass sich auch kein Körperteil über die Begrenzung hinweg ins Areal bewegen darf. Hilfsmittel sind ein 3 m langer PVC-Schlauch, ein 2 m langer Holzstab und eine 10 m lange Schnur.

Reif für die Insel

Schiffbruch! Ihr könnt euch gerade noch auf eine viel zu kleine Insel retten. Wenn ihr es schafft, euch für 10 Sekunden so auf der Insel zu halten, dass kein Körperteil das Wasser berührt, verlieren die nahenden Haie das Interesse an euch und drehen ab. Leider setzt die Flut ein, sodass die Insel immer kleiner wird.

Material: 1 Seil ca. 3 m (9 Holzfliesen, 2-3 Paletten unterschiedlicher Größe)
Ein Seil von ca. 3 m Länge wird zu einem Ring gebunden. Der dadurch entstandene Kreis wird auf den Boden gelegt. Auf dieser Fläche positioniert sich die Gruppe, ohne dass ein Körperteil eines Spielers den Boden außerhalb der Fläche berührt. Der Spielleiter verkleinert nun schrittweise die Fläche, bis die Gruppe auch nach mehreren Versuchen nicht mehr in der Lage ist, die Aufgabe zu erfüllen.

Statt des Seils kann man auch Paletten in verschiedenen Größen oder zusammensteckbare Holzfliesen benutzen, die man zu Inseln verschiedener Größen arrangiert. Falls Holzfliesen (30 x 30 cm) benutzt werden, gibt es Erfahrungswerte, wie viele Spieler auf wie vielen Holzfliesen Platz finden: Mehr als 2 Spieler je Fliese werden es vermutlich nicht sein, wenn diese im Rechteck bzw. im Quadrat angeordnet sind.

Mögliche **Variante** bei Holzfliesen ist die Möglichkeit, sie nicht als Quadrat oder Rechteck zusammenzustecken, sondern die Wahl der Form der Gruppe zu überlassen. Bedingung ist dabei allerdings, dass die Fliesen nicht lose ausgelegt werden dürfen, sondern zusammengesteckt werden müssen.

Spione unter sich

Material: 1 Filmdöschen mit Inhalt je Spieler
Jeder Spieler bekommt ein undurchsichtiges, geschlossenes Döschen (zum Beispiel Filmdöschen), das er nicht öffnen darf. Jeweils zwei Döschen haben denselben Inhalt. Die Spieler, die Döschen gleichen Inhalts haben, bilden ein Paar. Sie sollen nun herauszufinden, wer der eigene Partner ist. Das ist zum Beispiel dadurch möglich, dass sie die Döschen schütteln und die Geräusche der unterschiedlichen Inhalte beurteilen.

Hoch hinaus

Material: 1 Klebestreifen

Die Gruppe bekommt einen Klebestreifen und soll damit eine Markierung so hoch wie möglich an eine Wand (einen Baum oder ähnliches) kleben. Wie hoch kann sie die Markierung setzen? Schafft sie in einem zweiten Versuch eine größere Höhe?

Die Spieler, die dem »Kleber« in die Höhe helfen, sind für dessen Sicherheit verantwortlich. Der Spielleiter greift ein, wenn eine gefährliche Höhe erreicht wird, die nicht hinreichend abgesichert ist.

> Die folgenden Spiele setzen beim Spielleiter die Fachkenntnis voraus, wie man Seile zuverlässig an Bäumen befestigt, welches Material man für welche Zwecke einsetzt, wie stark man Gurte spannt und wie man die Bäume schützt! Dazu finden sich wertvolle Hinweise im Kapitel *Die Praxis Teil 2: Material und Technik*.

Swing

Material: 1 Seil ca. 10 m, 1 Paar Arbeitshandschuhe, Absperrband

An einem mindestens 4 m hohen Ast hängt ein Seil in die Mitte eines Bereichs, den die Spieler nicht betreten dürfen. Sie stehen auf einer Seite dieses Bereichs und müssen alle zur anderen gelangen. Dazu können sie am Seil schwingen, wenn sie es irgendwie aus der Mitte holen können.

Der Spielleiter wählt die Breite des Bereichs so aus, dass es weder zu einfach noch zu schwierig ist, am Seil darüber zu schwingen. Die Teamaufgabe besteht darin, dass die körperlich stärkeren Spieler den anderen Spielern Hilfestellung geben. Auch die Reihenfolge spielt bei der Teamentscheidung eine Rolle. Um sich besser halten zu können, dürfen die Spieler Knoten ins Seil machen. Der Spielleiter kann Arbeitshandschuhe als Hilfsmittel anbieten, da manche Seile rau und unangenehm zu umfassen sind.

Die Praxis Teil 1: Die Spiele

Mohawk Walk

Material: 1 Ratschengurt, 2 Rundschlingen, 2 Schraubglieder
Zwischen 2 Bäumen ist ein Gurt gespannt. Die Entfernung sollte 4–5 m betragen. Weniger als 4 m ist etwas anspruchslos, mehr als 5 m wäre sehr ambitioniert. Alle Spieler stehen auf einer Seite und müssen zur anderen Seite gelangen, ohne den Boden zwischen den Bäumen zu betreten. Dabei stabilisieren sich die Spieler, die sich jeweils auf dem Gurt befinden, gegenseitig. Es gibt keine Hilfsmittel.

Material: 1 Seil ca. 10 m
Variante: Die Gruppe bekommt ein 10 m langes Seil als Hilfsmittel. Dieses können sie nach Belieben einsetzen.

Auseinander!

Material: 2 Ratschengurte, 4 Rundschlingen, 4 Schraubglieder
Zwei Gurte sind von einem Stamm ausgehend zu zwei anderen Bäumen gespannt. Dadurch entfernen sie sich immer weiter voneinander. Ideal ist eine Gurtlänge von jeweils 8–10 m und eine Entfernung der Gurte von mindestens 2 m am Ende. Die Spieler sollen

Kooperation

sich paarweise auf den beiden Gurten so weit wie möglich vom gemeinsamen Startpunkt der Gurte in Richtung der Endpunkte bewegen und sich dabei gegenseitig stabilisieren. Wie weit kommen sie? Kommen sie in einem zweiten Versuch eventuell weiter? Die jeweils nicht aktiven Spieler geben Hilfestellung.

Wenn die Spieler sich gegenseitig stabilisieren, dürfen sie die Finger nicht ineinander verschränken! Im Falle des ungeplanten Abstiegs besteht das Risiko von Verletzungen der Finger. Besser ist, die Handflächen gegeneinander zu stützen oder die Faust des Mitspielers zu umfassen.

Wenn es die Spieler schon weit geschafft haben, lehnen sie sich stark nach vorne und stabilisieren sich gegenseitig. Ein Mitspieler muss dann als Hilfestellung einen eventuellen Sturz nach vorne abfangen können.

Aladdins Wunderlampe

Euer Volk wird von einem mächtigen Tyrannen beherrscht. Ohne ebenso mächtigen Beistand könnt ihr es nicht befreien. Euch wird zugetragen, dass am Fuße eines bestimmten Baums Aladdin seine Wunderlampe verloren hat. Könnt ihr sie bergen und daran reiben, erscheint ein Geist, mit dessen Hilfe ihr den Tyrannen besiegen könnt. Unglücklicherweise steht der Baum in einem Areal von ca. 6 m Durchmesser, das ihr nicht betreten könnt, da es von einer gefährlichen Krabbenart besiedelt ist. Diese Krabben können bis zu 20 cm in die Höhe springen. Am Baum wächst zum Glück eine Liane, die ihr benutzen könnt, wenn ihr ein Ende aus dem Areal bergen könnt.

Material: *1 Seil ca. 10 m, 1 Taschenlampe, Absperrband*
Am Fuß eines Baumes liegt in einem abgesperrten Areal von ca. 3 m Radius eine Lampe. Am Baum ist ein Seil befestigt, dessen loses Ende ebenfalls am Fuß des Baums liegt. Die Lampe soll aus dem abgesperrten Areal geborgen werden, ohne den Boden zu berühren. Auch eine indirekte Berührung, zum Beispiel durch Treten auf Gegenstände wie Stöcke, Blätter etc. ist nicht gestattet.
Hilfsmittel sind eine einige Gegenstände nach Belieben des Spielleiters.

Variante: Das Seil ist nicht am Baum befestigt, sondern liegt lose am Stamm. Der Baum bietet durch überhängende Äste die Möglichkeit, ein Seil durch Werfen daran zu befestigen. Hierbei muss der Spielleiter, bevor sich Spieler an das Seil hängen, prüfen, ob die Konstruktion hält.

Im folgenden Spiel können Menschen aus großer Höhe zu Boden fallen, wenn Aufbau und Durchführung nicht absolut fachgerecht sind. Daher ist es Spielleitern vorbehalten, die folgende Voraussetzungen erfüllen müssen:

- Sie müssen in der Lage sein, am oberen Umlenkpunkt eine Seilrolle einzuhängen.
- Sie müssen Spieler in einen Arbeitsgurt mit dem hinteren Anseilpunkt einbinden können.
- Sie müssen die Gruppe sicher einschätzen können. Ohne dass die Spieler bis zum Ende zuverlässig und konzentriert das Seil halten, ist ein Sturz aus großer Höhe nicht auszuschließen.

Tiramisu

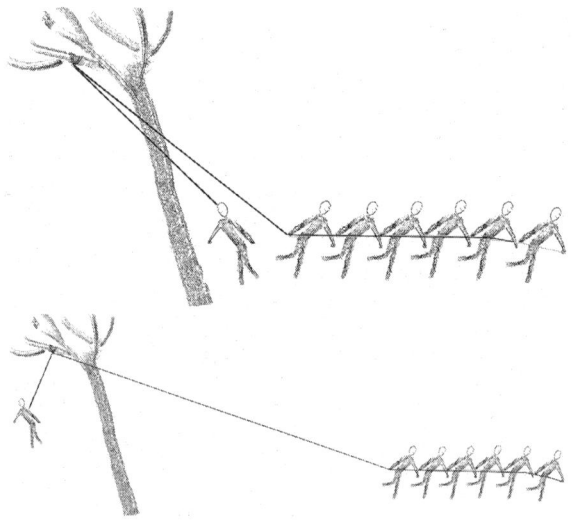

Material: *1 Kletter- oder Späleoseil 50 m, Arbeitsgurt, Helm, Bandschlinge, Karabiner, Seilrolle*
Ein Seil läuft durch eine Seilrolle, die mit Bandschlinge und Karabiner an einem Ast hängt. Es hängt senkrecht nach unten. Ein Spieler wird am einen Ende des Seils in einen Arbeitsgurt in den hinteren Anseilpunkt eingebunden. Die übrigen Spieler stellen sich an das andere Ende des Seils in ca. 1 m Abstand voneinander, links und rechts alternierend. Somit hat jeder der Spieler an diesem Seilende ca. 2 m freien Raum vor sich. Im Seil sind im Abstand von 1 m Knoten, sodass die Spieler es sicher halten können.

Der einzelne Spieler steht entgegengesetzt zur Gruppe der übrigen Spieler. Er geht nun so weit wie möglich rückwärts. Die Gruppe rückt dabei so weit nach vorne, dass das Seil immer gespannt bleibt. Die Startposition ist erreicht, wenn der einzelne Spieler das Seil gerade noch hinter seinem Kopf hat und es ihm diesen nicht nach vorne drückt.

Kooperation

Auf das Kommando des Spielleiters starten nun alle mit möglichst hoher Geschwindigkeit, der einzelne Spieler in Richtung des oberen Umlenkpunkts, die Gruppe in die entgegengesetzte Richtung. Anfangs nähert sich der einzelne Spieler der Stelle unter dem oberen Umlenkpunkt. Sobald er sie passiert hat, wird er mit hoher Geschwindigkeit nach oben gezogen. Nachdem er dort ausgependelt ist, lässt ihn die Gruppe langsam wieder ab.

Der obere Umlenkpunkt muss mindestens 2 m vom Stamm entfernt eingerichtet werden, um eine Berührung des Spielers mit diesem zu vermeiden. Das bedeutet auch, dass der Ast, an dem die Umlenkung befestigt wird, sehr stark sein muss. In Seilnähe darf kein weiterer Ast sein.

Im Abstand von ca. 2 m vom Anseilpunkt muss ein Knoten im Seil sein. Dieser passt nicht durch die Seilrolle und dient als Bremse, damit der Spieler nicht bis zur Seilrolle gezogen werden und sich daran verletzen kann.

Die ziehenden Spieler müssen sich synchronisieren, damit sie zusammen und nicht gegeneinander arbeiten. Ein Sturz Einzelner muss vermieden werden.

Der einzelne Spieler trägt einen Helm, um bei Kontakt mit dem Seil geschützt zu sein.

Dieses Spiel eignet sich aus verschiedenen Gründen als Abschlussspiel einer Spielekette. Erstens ist damit ein starkes Erleben verbunden, was die Konzentration auf weitere Spiele beeinträchtigen würde. Zweitens kann der Spielleiter zum Ende einer Spielekette besser einschätzen, wie zuverlässig die Gruppe agiert, wenn ein Fehler tatsächlich ernste Folgen hätte.

Entschleunigung

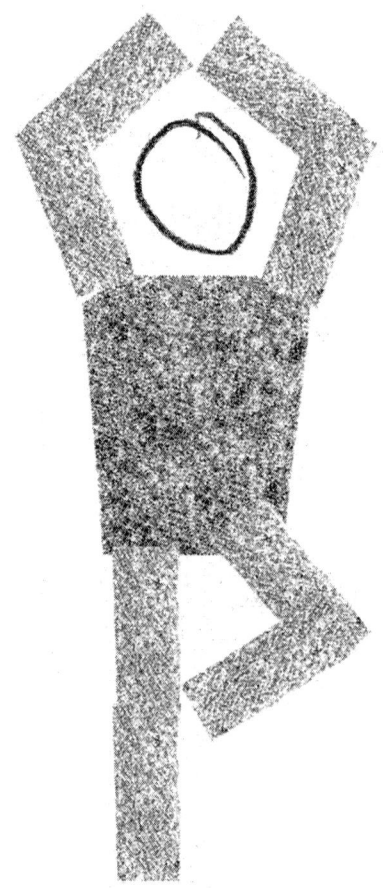

Einige der Kooperativen Abenteuerspiele sind mit körperlicher Aktivität verbunden. Hat der Spielleiter den Eindruck, dass diese Aktivität das Geschehen unangemessen dominiert, kann er als Zäsur ein Spiel in die Spielefolge einflechten, das der Gruppe die Möglichkeit gibt, körperlich zur Ruhe zu kommen.

Stehen bei Spielen mit hoher körperlicher Aktivität Initiative und körperliches Geschick im Vordergrund, so gewinnen bei Spielen zur Entschleunigung auch andere Aspekte der Zusammenarbeit in einer Gruppe an Gewicht:

- Achtsamkeit
- Der Blick auch für Spieler, die nicht konkret handeln
- Gesteigerte Wahrnehmung der eigenen Person

Gruppenfoto

Die Gruppe stellt sich wie für ein Gruppenfoto auf. Ein Spieler ist nicht Teil der Gruppe und betrachtet sich diese Aufstellung. Anschließend dreht er der Gruppe den Rücken zu oder verlässt den Raum.

Jetzt tauschen zwei Spieler ihre Positionen, und die Gruppe teilt dem Einzelnen mit, dass er sich wieder umdrehen bzw. den Raum wieder betreten darf. Kann er die beiden Spieler identifizieren, die ihre Positionen getauscht haben?

Anschließend ist der nächste Spieler an der Reihe. Wer hat den besten Blick für die Gruppe?

Puzzle

Material: 1 Puzzle, ca. 30 Teile
Ein Puzzle mit mindestens so vielen Teilen wie Spieler soll in der Mitte gelegt werden. Die Puzzleteile werden zuvor an die Spieler verteilt, wobei jeder Spieler nicht mehr als 3 Teile bekommen sollte. Regeln dabei sind:

- Die Spieler sind stumm.
- Kein Spieler darf sein(e) Puzzleteil(e) den anderen Spielern zeigen, bevor er es legt.

* Ein Puzzleteil, das liegt, darf nicht wieder aufgenommen werden.

Der Spielleiter kann nach mehreren Fehlversuchen erlauben, dass Puzzleteile, die gelegt wurden, aber nicht an die Stelle passen, an die sie platziert wurden, von anderen Spielern an die richtige Stelle positioniert werden dürfen.

Auf die Minute pünktlich

Die Gruppe soll eine Minute exakt abschätzen. Dabei dürfen keine Uhren, Handys oder ähnliche technische Hilfsmittel verwendet werden. Der Spielleiter gibt das Startsignal und nimmt die Zeit. Die Uhr wird angehalten, wenn einer der Spieler »STOP!« sagt.

Der Spielleiter gibt der Gruppe Zeit, eine Strategie festzulegen, bevor er das Spiel startet.

Als Hilfe zur Strukturierung der Minute können die Spieler zum Beispiel die Zeitspanne abschätzen, die bestimmte Bewegungen benötigen, und sie auf 60 Sekunden hochrechnen. Erreicht die Gruppe genau 60 Sekunden? Der Spielleiter kann mehrere Durchgänge erlauben.

Memory

Material: div. Legosteine

Es werden unterschiedliche Legosteine an die Spieler verteilt, wobei jeder Stein doppelt vorkommt. Jeder Spieler bekommt einen Legostein, den er unsichtbar in der Hand hält, auf Verlangen zeigt und ihn danach wieder verbirgt.

Ein Spieler beginnt. Er deutet nun nacheinander auf zwei Spieler, die ihre Legosteine allen zeigen müssen. Sind sie identisch, hat er ein Pärchen gefunden. Dieses verlässt die Spielfläche; seine Legosteine bekommt der Spieler als Beute, der es erraten hat. Der Spieler fährt fort. Hat er kein Pärchen identifiziert, ist der nächste Spieler an der

Reihe. Das Spiel ist beendet, wenn alle Pärchen bestimmt sind. Gewonnen hat das Pärchen mit den meisten Legosteinen.

Ist die Gruppenstärke nicht geradzahlig, kann der Spielleiter einen Spieler aus dem Spiel nehmen und ihn als Aufsicht einsetzen. Bei großen Gruppen kann der Spielleiter die Spielzeit unter Umständen begrenzen.

Energizer

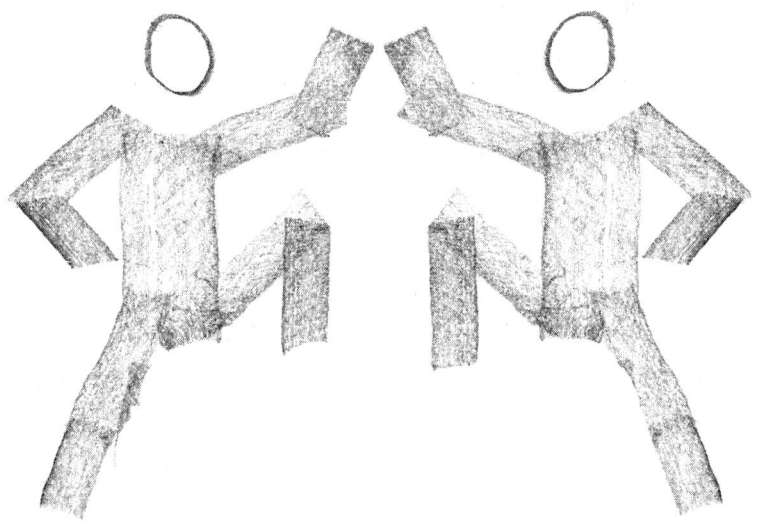

Hat der Spielleiter den Eindruck, dass die Gruppe träge geworden ist und einen Schub Energie braucht, kann er – als »Energizer« – ein Wettspiel in die Spielefolge einflechten. Insbesondere nach längeren Pausen kann es sein, dass die Spieler damit wieder »geweckt« werden müssen.

Bei den Wettspielen wird die Gruppe in Mannschaften eingeteilt, die gegeneinander spielen. Sie sind körper- und bewegungsbetont.

Der richtige Dreh

Material: *1 Gewindestab je Mannschaft, 1 Mutter je Spieler*
Mehrere zahlenmäßig gleich starke Mannschaften bekommen jeweils einen Gewindestab von 1 m Länge pro Mannschaft. Jeder Spieler erhält eine passende Mutter (es empfiehlt sich dabei ein Maß zwischen M8 und M10). Auf ein Startsignal hin schraubt jeder Spieler seine Mutter einmal über den ganzen Gewindestab. Die Mannschaft, die diese Aufgabe am schnellsten löst, ist Siegerin. Regeln dabei sind:

- Die Muttern befinden sich vor dem Startsignal alle außerhalb des Gewindestabs.
- Das Spiel ist beendet, wenn die letzte Mutter auf der gegenüberliegenden Seite des Gewindestabs diesen vollständig verlassen hat.
- Es dürfen sich nach dem Startsignal auch mehrere Muttern gleichzeitig auf dem Gewindestab befinden.

Die Mannschaften können verschiedene Strategien erproben (eine oder mehrere Muttern zur gleichen Zeit auf dem Gewindestab, Drehung der Muttern oder des Stabs, Einteilung der Spieler für unterschiedliche Aufgaben etc.).

Man kann dieses Spiel auch in einer kooperativen **Variante** spielen, bei der die Gruppe als Team gegen die Zeit spielt.

Eisschollenspringen

Eure Nordpolexpedition hat zu lange gedauert und ist in den Frühling hineingekommen. Das Eis ist zum Teil schon geschmolzen. Auch sind die Vorräte zur Neige gegangen. Ihr kommt an eine eisfreie Zone mit treibenden Eisschollen, die es zu überwinden gilt. Ihr solltet auch schneller sein als die Expedition, die neben euch auftaucht und in derselben Situation ist, denn auf der anderen

> Seite ist eine einzige Schneegans, die nur einer der Expeditionen das Überleben sichert.

Material: *3 Fußmatten je Mannschaft*
Mehrere zahlenmäßig gleich starke Mannschaften bekommen je 3 Fußmatten (Holzfliesen, Teppichfliesen oder ähnliches). Mit diesen sollen sie eine vorher festgelegte Strecke zurücklegen, ohne den Boden zu berühren. Die Mannschaft, die als erste komplett die Strecke überwunden hat, ist Siegerin. Regeln dabei sind:

- Die Spieler befinden sich vor dem Startsignal alle vor der Startlinie.
- Das Spiel ist beendet, wenn der letzte Spieler die Ziellinie überquert hat.
- Ein Spieler, der mit irgendeinem Körperteil den Boden zwischen Start- und Ziellinie berührt, muss vor die Startlinie zurückkehren, darf aber weiter mitspielen.

Seitenwechsel 2.0

Material: *1 Tuch (Schlafmaske) je Spieler, ca. 10 Fußmatten, Absperrband*
Dieses Spiel ist der »Seitenwechsel« in der nichtkooperativen Variante. In einem abgesperrten Bereich liegen Fußmatten (Teppichfliesen, Holzplatten oder ähnliches). An zwei gegenüberliegenden Seiten dieses Bereichs stehen sich zwei zahlenmäßig gleich starke Mannschaften gegenüber. Die Mannschaften müssen nun durch den abgesperrten Bereich auf die jeweils andere Seite gelangen, ohne dass die Spieler den Bereich außerhalb der Fußmatten berühren. Gelingt das nicht, muss der Spieler, der neben die Fußmatte getreten ist, zum Ausgangspunkt zurück.

Die Spieler, die sich im abgesperrten Bereich befinden, haben verbundene Augen und werden von ihrer restlichen Mannschaft durch Zuruf gelotst. Die Mannschaften außerhalb des abgesperrten

Bereichs lotsen den Spieler innerhalb auf dem günstigsten Weg, das heißt nach Möglichkeit am gegnerischen Spieler vorbei. Begegnen sich zwei Spieler, müssen beide zurück zur vorherigen Fußmatte. Ein wie immer gearteter Kampf ist nicht gestattet. Die Mannschaft, die als erste alle Spieler durch den Parcours geschleust hat, gewinnt das Spiel.

Die Fußmatten werden vom Spielleiter so ausgelegt, dass die Schwierigkeit des Parcours der Gruppengröße und dem Lebensalter der Spieler angemessen ist.

Kommunikation

Kommunikation ist eine der Grundlagen gemeinschaftlichen Handelns. Welch herausragende Position sie bei der Lösung von Gruppenaufgaben hat, wird deutlich, wenn sie willkürlichen Regeln und Begrenzungen unterliegt. So nehmen Spiele oft einen völlig anderen Verlauf, wenn Sinneswahrnehmungen unterbunden (zum Beispiel durch Verbinden der Augen) oder Kommunikationsmöglichkeiten auf andere Weise eingeschränkt werden (zum Beispiel durch das Verbot zu sprechen).

Im Folgenden sind Spiele beschrieben, in denen Kommunikation beschnitten wird und Sinneswahrnehmungen beschränkt werden. Der Zwang, andere Möglichkeiten zur Kommunikation zu finden und zu vereinbaren, bringt den Spielern u. U. neue Möglichkeiten gemeinsamen Handelns.

Copy Shop

Material: *div. Legosteine*
Die Spieler verteilen sich in zwei etwa gleich große Mannschaften. Diese Mannschaften sind räumlich so weit voneinander entfernt, dass sie sich nur hören können, nicht aber sehen. Wenn die Möglichkeit besteht, kann man auch eine Kommunikation über Funkgeräte vereinbaren. Auf jeden Fall sollen nonverbale und visuelle Kommunikation ausgeschlossen sein.

Die Mannschaften bekommen vom Spielleiter jeweils ein Gebilde aus Legosteinen, das dieser zuvor zusammengesteckt hat. Je nach Gruppe kann das mehr oder weniger komplex sein. Sie bekommen außerdem jeweils dieselben Legosteine, aus denen das Gebilde der anderen Mannschaft besteht, in loser Form. Eine Mannschaft beschreibt nun der jeweils anderen Mannschaft dieses Gebilde so exakt, dass die es mit ihren losen Steinen nachbauen kann. Am Ende des Spiels sollen beide Mannschaften das exakt gleiche Gebilde in Händen halten.

Obwohl die Legosteine nach Farbe und Form und auch die Positionen der weiteren Steine zum bereits bestehenden Gebilde anhand der Zahl der »Knubbel« sehr exakt und eindeutig zu beschreiben sind, schleichen sich immer wieder kleine Fehler in die Kommunikation ein, sodass die Gebilde im Nachbau zwar ähnlich werden, aber nicht immer genau gleich.

Minesweeper 2.0

Material: *Absperrband, 10 Mausefallen, 1 Tuch (Schlafmaske)*
In einem mit Seil, Absperrband oder ähnlichen Materialien abgesperrten Areal von ca. 4 x 4 m sind 10 gespannte Mausefallen auf dem Boden verteilt. Ein Spieler, dessen Augen verbunden sind, wird von den übrigen Spielern von außerhalb des abgesperrten Areals ohne Worte durch dieses gelotst. Dabei darf er die Fallen nicht auslösen.

Die Spieler bekommen 5 Minuten Zeit, einen Code zu vereinbaren, mit dem der Spieler eindeutig geführt werden kann.

Bei diesem Spiel sollten die Spieler geschlossenes Schuhwerk tragen, um von versehentlich ausgelösten Mausefallen nicht schmerzhaft getroffen zu werden.

Symbolpolitik

Material: *Absperrband, 10 Mausefallen, 1 Tuch (Schlafmaske), 1 Symbolzettel je Mannschaft*
Zwei Mannschaften stehen auf einer Seite eines abgesperrten Areals von ca. 4 x 4 m. In diesem Areal sind 10 Mausefallen ausgelegt. Beide Mannschaften bekommen einen Zettel mit denselben 24 Symbolen (siehe Anhang 2). Diese Symbole sollen auf der anderen Seite des abgesperrten Areals handschriftlich auf ein leeres Blatt Papier kopiert werden, und zwar in genau der Anordnung, in der sie auf dem Original sind.

Spieler, die das abgesperrte Areal betreten, haben die Augen verbunden und werden durch die Mitspieler der eigenen Mannschaft gelotst. Außerhalb des Areals können sie die Augenbinde wieder abnehmen. Die Spieler können sich vor dem Spiel beraten und eine Strategie zurechtlegen. Mit Spielstart darf nicht mehr gesprochen werden. Das bedeutet, dass sich die Mannschaften auf eine Kommunikation ohne Worte einigen müssen. Wird eine der Mausefallen ausgelöst, muss der betroffene Spieler wieder zum Start zurückkehren und einen weiteren Versuch starten. Welche Strategie führt schneller zum Erfolg?

Bei diesem Spiel sollten die Spieler geschlossenes Schuhwerk tragen, um von versehentlich ausgelösten Mausefallen nicht schmerzhaft getroffen zu werden.

Jeder zählt!

Die Gruppe steht in einem losen Haufen beisammen und bekommt die Aufgabe durchzuzählen. Nachdem der Spielleiter die Aufgabe bekanntgegeben hat, darf sich die Gruppe so aufstellen, dass jeder Spieler alle anderen sehen kann. Am Ende soll die richtige Zahlenfolge von 1 bis zur Anzahl der Spieler stehen. Regeln dabei sind:

- Jeder Spieler sagt nur genau eine Zahl.
- Die banale Lösung, in der Reihenfolge zu zählen, in der man steht, wird nicht akzeptiert.
- Es spricht immer nur ein Spieler zur selben Zeit. Sprechen mehrere Spieler gleichzeitig, beginnt das Spiel von Neuem.

Bei diesem Spiel geht es um die aufmerksame Beobachtung der Mitspieler. Entwickeln die Spieler ein Gefühl dafür, wann ein Mitspieler etwas sagen möchte, und schaffen sie es, sich dann zurückzunehmen und den richtigen Augenblick für den eigenen Einsatz zu treffen?

Zahlen, bitte!

Material: Zahlenkarten

Der Spielleiter hat einen Stapel Karten mit den Zahlen zwischen 1 und 99. Jeder Spieler zieht eine Karte daraus, die nur er sich anschauen darf; kein anderer Spieler darf sie sehen. Die Karten sollen nun in einer aufsteigenden Reihenfolge in der Mitte (auf einem Tisch) abgelegt werden. Ziel ist, alle Karten abzulegen. Regeln dabei sind:

- Während des gesamten Spiels dürfen die Spieler kein Wort sagen.
- Die abgelegte Karte darf nicht niedriger sein als die vorherige.
- Konkrete Zahlen dürfen auf keinerlei Weise kommuniziert werden (mit den Fingern zeigen, klopfen, aufmalen etc.).

Das Spiel ist gewonnen, wenn alle Karten abgelegt sind. Können Karten nicht mehr abgelegt werden, weil sie einen niedrigeren Wert als die oben liegende haben, bleiben sie übrig. Das Spiel kann wiederholt werden, wenn die Gruppe glaubt, in einem weiteren Durchgang weniger oder gar keine Karten übrig zu behalten.

Das Regularium verbietet zwar Worte, nicht aber sonstige Laute, sofern sie keine Zahlenwerte signalisieren. Der Spielleiter kann je nach eigener Einschätzung der Situation die Regeln ergänzen, zum Beispiel durch folgende Vorgaben:

- Er kann einen oder mehrere Joker gewähren, die falsch abgelegte Karten neutralisieren.
- Er kann festlegen, dass die Spieler zwar keine Zahlen, aber Zahlenbereiche oder Größenordnungen signalisieren dürfen.

Grenzen der Kooperation

Kooperation setzt eine zielgerichtete und angemessene Kommunikation voraus. Diese Voraussetzung ist nicht in allen Lebenslagen gegeben. Ist zum Beispiel die Kommunikation durch einen Konflikt innerhalb der Gruppe gestört, kann eine Aktion erst dann sinnvoll weitergeführt werden, wenn dieser Konflikt beigelegt ist. Hierzu gibt es in diesem Kapitel einen Vorschlag für ein Spiel.

Aber auch ohne Konflikt kann Kommunikation gestört sein, zum Beispiel aus technischen Gründen. Ein weiteres Spiel mit sehr eingeschränkten Kommunikationsmöglichkeiten soll verdeutlichen, dass nicht nur der Wille zur Kooperation zählt, sondern dass auch die Voraussetzungen dafür vorhanden sein bzw. geschaffen werden müssen.

Andererseits ist auch eine funktionierende Kooperation mit uneingeschränkter Kommunikation nicht immer zielführend. Am Ende einer längeren Sequenz von Kooperationsspielen denken Spieler oft nur noch kooperativ – einerseits, weil mittlerweile Strategien zur Lösung von Aufgaben erarbeitet wurden, die in ähnlicher Form mehrmals gestellt wurden, und andererseits, weil das Urteilsvermögen, ob das eigene Handeln der gegenwärtigen Situation angemessen ist und welche Strategien zur Lösung der konkret gestellten Aufgabe beitragen, eingeschränkt ist.

Hat der Spielleiter den Eindruck, dass dieser Punkt erreicht ist, kann er ein Spiel in die Spielefolge einflechten, das der Gruppe vor Augen führt, dass Teamwork nicht die universelle Lösung für alle Aufgaben ist, sondern das eigene Handeln der jeweiligen Situation nach kritischer Auseinandersetzung angepasst werden sollte.

Komm' doch mal runter!

Material: 2 Getränkekisten, 1 Seil ca. 20 m
Die beiden Spieler, die einen Konflikt miteinander haben, stehen jeweils auf einer umgedrehten Getränkekiste. Die Kisten stehen ca. 3 m voneinander entfernt. Die Spieler bekommen jeweils ein Ende eines ca. 20 m langen Seils in die Hand.

Auf ein Zeichen des Spielleiters hin versuchen beide, den Gegner mit Hilfe des Seils so aus dem Gleichgewicht zu bringen, dass er von der Kiste absteigen muss. Ist das der Fall oder lässt er das Seil los, bekommt der Spieler, der seine Kiste nicht verlassen hat und das Seil noch in Händen hält, einen Punkt. Die Anzahl der Punkte, die zum Sieg reichen, wurde zuvor vom Spielleiter festgelegt.

Um nicht selbst aus dem Gleichgewicht gebracht zu werden, ist eine genaue Beobachtung des Gegners notwendig. Die Antizipation seiner Aktionen und das Einfühlen in ihn können dazu beitragen, ein Verständnis zu entwickeln.

Dunkelziffer

Material: Zahlenkarten, 1 Tuch (Schlafmaske) je Spieler
Der Spielleiter hat einen Stapel Karten mit den Zahlen zwischen 1 und 99. Jeder Spieler zieht eine Karte daraus, die nur er sich anschauen darf. Kein anderer Spieler darf sie sehen; sie darf den anderen Spielern zu diesem Zeitpunkt auch nicht anderweitig kommuniziert werden.

Nun verbinden sich die Spieler die Augen und stellen jede verbale Kommunikation ein. Trotzdem ist die Aufgabe, sich in einer Reihe aufzustellen, und zwar der Reihenfolge der gezogenen Karten nach. Dabei dürfen die Spieler nonverbale Methoden der Kommunikation nutzen, um die Zahlenwerte ihrer Karte zu kommunizieren.

Der Spielleiter achtet darauf, dass die Gruppe räumlich beisammenbleibt und kein Spieler aufgrund seiner eingeschränkten Sehfähigkeit »verloren geht«.

Dadurch, dass eine Kommunikation immer nur zwischen einzelnen Spielern oder maximal einer kleinen Gruppe stattfinden kann, ist es kaum möglich, allgemeine Ziele oder Vorgehensweisen abzustimmen. Teamlösungen sind somit extrem schwierig.

In der Auswertung sollte der Spielleiter auf die Frage eingehen, ob die Spieler vor Beginn Bedenken hatten, die gestellte Aufgabe lösen zu können, und nur aufgrund der vorangegangenen Spiele in eine »Kooperationsroutine« verfallen sind.

Katastrophe im Kraftwerk

> Unfall im Kraftwerk! Eine Leitung ist vom Sturm herabgerissen worden und hängt auf den vom Unwetter nassen Betriebsboden. Der ganze Hof steht unter Hochspannung. Eine hoch isolierende Platte, 6 Holzstäbe und ein Paar hoch isolierender Handschuhe liegen noch vom Montageteam herum. Gelangt man auf die andere Seite des Betriebshofs, kann man den Notausschalter betätigen.

Material: 1 Tisch, 1 Paar Handschuhe, 6 Rundstäbe, 1 Seil ca. 20 m
Das Spiel erfordert eine glatte, ebene Fläche, zum Beispiel den Boden eines Seminarraums. Die Gruppe steht auf einer Seite des Raums und muss zur gegenüberliegenden Seite gelangen. Solange ein Schalter auf der gegenüberliegenden Seite nicht umgelegt wurde, darf der Boden nur mit einem bestimmten Paar Handschuhen berührt werden.

Da der erste Spieler, der auf der anderen Seite des Raums ankommt, bereits den Schalter umlegen und damit den übrigen Spielern die volle Bewegungsfreiheit verschaffen kann, ist die Aufgabe zu diesem Zeitpunkt erfüllt. Macht die Gruppe danach weiter, sollte der Spielleiter das Thema »reflektiertes Handeln« thematisieren.

 Ein Lösungsansatz besteht darin, dass ein Tisch umgedreht und auf den Holzstäben bewegt wird. Dabei muss besonders darauf geachtet werden, dass immer genügend Stäbe gut verteilt unter der Tischplatte sind, damit der Tisch nicht kippt. In diesem Fall wären Finger, die sich im Kippmoment unter ihm befinden, gefährdet.

Die Praxis
Teil 2: Material und Technik

Wissenswertes zu Seilverspannungen an und zwischen Bäumen

In einigen wenigen Spielen ist es notwendig, Seile an Bäumen zu befestigen oder sie zwischen diesen zu spannen. Auch wenn Spieler nicht aus großer Höhe abstürzen können, ist es doch wichtig, dass Knoten und Material den Anforderungen genügen. Viele Spielleiter kommen aus der Erlebnispädagogik und kennen sich aus. Für diejenigen, deren Umgang mit Seil und Karabiner nicht zur täglichen Routine gehört, seien die folgenden Ausführungen eine Hilfe. Natürlich gibt es eine Vielzahl von Materialien für alle möglichen Anwendungen; hier werden nur wenige grundlegende und deren Handhabung beschrieben. Mit dieser Auswahl lassen sich aber alle beschriebenen Spiele qualifiziert durchführen. Trotzdem gilt: Wer sich beim Aufbauen von Spielen unsicher fühlt, sollte diesem Gefühl nachgeben und ein anderes Spiel auswählen. Vielleicht kann man den Aufbau noch einmal ohne Spieler oder in Zusammenarbeit mit einem erfahreneren Spielleiter üben, bevor man ihn das nächste Mal selbständig angeht.

Materialien

Es kommen Materialien aus dem Bergsport oder Industriematerialien zum Einsatz. Sie haben den Vorteil, dass sie genormte Festigkeiten mitbringen. Für Spiele, bei denen Spieler an Seilen klettern, hangeln oder schwingen, sind Bergsportmaterialien mit einer Festigkeit nach der UIAA-Norm von 22 kN (das entspricht einer Belastung mit ca. 2200 kg) ideal. Sie sind in den nachfolgenden Kapiteln jeweils als erste Option beschrieben. Die zweite Option sind Industriematerialien, die es mit definierten Festigkeiten von zum Beispiel 20 kN (ca. 2000 kg) gibt. Sie wird für Spiele, bei denen Spieler über ein gespanntes Seil oder einen Spanngurt laufen, bevorzugt. Eine Belastbarkeit von 20 kN wird als ausreichend für die im Buch beschriebenen Spiele erachtet.

 In Baumärkten findet man gelegentlich (aber nicht immer) genormte Industriematerialien. Man erkennt sie an den typischen Einfärbungen und der Angabe WLL (zum Beispiel grün mit »WLL 2000«). Durch die Normierung kann man sich auf die Angaben zur Belastbarkeit verlassen. Andere als diese genormten Materialien sollte man auf keinen Fall benutzen!

Seile oder Ratschengurte

Ein Seil zum Hangeln, Schwingen oder Klettern wird, wenn es nicht gespannt wird, nur mit dem Gewicht des Spielers oder der Spieler belastet (siehe *Statik*). Seile mit definierter Belastbarkeit gibt es bei Bergsportausrüstern. Ein Kern-Mantel-Seil mit 10–11 mm Durchmesser bietet hinreichende Belastbarkeit. Es kann als Meterware erstanden werden.

Es gibt Kletterseile mit definierter Dehnbarkeit oder statische Seile mit geringer Dehnung. Die Dehnung von Kletterseilen macht ihren Einsatz als Seilbrücke schwierig. Aber auch statische Seile dehnen sich auf eine Weise, die sie für diese Anwendung nicht optimal erscheinen lassen. Als Seilgeländer, zum Hangeln oder Schwingen sind sie aber gut zu gebrauchen.

Materialien

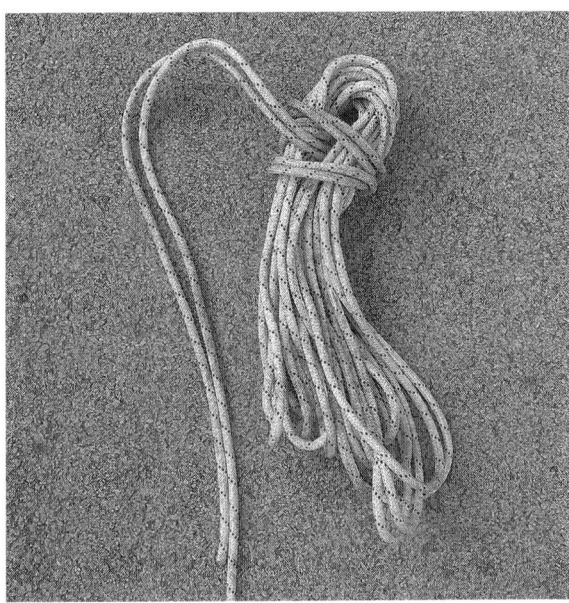

Abb. 5: Seil

Gurte bringen, möchte man auf ihnen stehen oder laufen, Vorteile. Sie haben eine breitere Fläche, was zum Laufen angenehmer ist, sind mit höherer Belastbarkeit erhältlich und bringen als Ratschengurt ihre Spannvorrichtung schon mit. Außerdem ist ihre Dehnung gering. Es gibt einteilige und zweiteilige Ratschengurte. Einteilige Gurte werden als Ring gespannt, das heißt, sie laufen zwischen den Aufhängungspunkten hin und wieder zurück. Spannt man sie direkt um die Bäume, steht ihre Fläche senkrecht, was nicht praktisch ist, wenn man auf ihnen laufen möchte.

Die Praxis Teil 2: Material und Technik

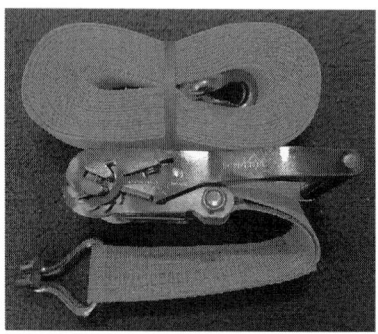

Abb. 6: Ratschengurt, zweiteilig

Zweiteilige Gurte können mit ihren Haken ineinander gehakt werden. Dann gleichen sie in der Anwendung den einteiligen Gurten. Man kann aber die Haken auch in die Schäkel, Karabiner oder Schraubglieder der Aufhängungen an den Bäumen einhaken. Damit ist ihre Fläche waagerecht.

Die Spieler sollten beim Laufen über Ratschengurte feste Schuhe tragen, damit sie sich nicht an den Ratschen verletzen.

Eine spezielle Form des Ratschengurts ist die Slackline, die es im Handel gibt. Diese wird allerdings mit einem Ankerstich direkt am Baum montiert, was aus Baumschutzgründen nicht optimal ist (siehe *Baumschutz*).

Bandschlingen oder Rundschlingen

Möchte man ein Seil nicht direkt an einen Baum binden, legt man eine genähte Bandschlinge darum und befestigt das Seil mit einem Karabiner an ihr. Bandschlingen lassen sich mit dem *Ankerstich* anreihen und damit verlängern. Genähte Bandschlingen haben eine höhere Belastbarkeit als selbst geknotete Bandschlingen.

Materialien

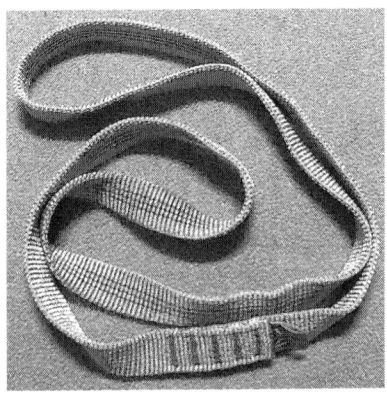

Abb. 7: Genähte Bandschlinge

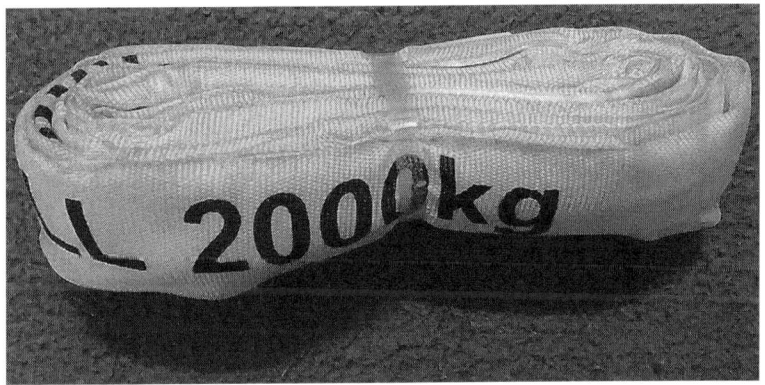

Abb. 8: Rundschlinge

Für die Befestigung eines Ratschengurts empfehlen sich Rundschlingen, die es in verschiedenen Längen gibt. Sie haben eine größere Auflagefläche als Bandschlingen und verteilen damit die Kräfte besser, die auf die Bäume einwirken. Auch sie lassen sich mit dem *Ankerstich* anreihen.

Karabiner, Schäkel und Schraubglieder

Grundsätzlich kann man ein Seil mit einem geeigneten Knoten direkt an einen Baum binden. Wenn man an diesem Seil hangeln, schwingen oder klettern möchte, sollte es nicht abrutschen. Das lässt sich zum Beispiel erreichen, indem es oberhalb einer Astgabel angebunden wird. Soll das Seil nicht belastet und nur als Hindernis genutzt werden, kann man es überall am Baum anbringen.

Kommen Bandschlingen zum Einsatz, muss das Seil mit diesen verbunden werden. Direktes Einknoten verbietet sich, da textiles Material auf textilem Material bei Bewegung starken Verschleiß zur Folge hat und die Sicherheit nicht mehr gewährleistet ist. Man greift hier auf Karabiner zurück, die es als Bergsportmaterial in verschiedenen Bauformen und garantierter Belastbarkeit gibt.

Gespannte Ratschengurte werden entweder über Stahlkarabiner aus dem Bergsport (Belastbarkeit je nach Fabrikat zwischen 30 und 65 kN), Schäkel als Industriematerial oder über Schraubglieder (Materialstärke 12 mm) mit den Rundschlingen verbunden. Ideal ist bei Schraubgliedern eine dreieckige Bauform, die den Gurt an den Kanten nicht verformt. Karabiner, Schäkel und Schraubglieder müssen, wenn sie der Belastung standhalten sollen, zugeschraubt sein. Das sollte allerdings nicht mit Kraft geschehen, da sie sich sonst unter Umständen nach der Belastung nicht wieder aufschrauben lassen.

Materialien

Abb. 9: Schraubkarabiner

Abb. 10: Schraubglied, dreieckig

Abb. 11: Schäkel

Knoten

Knoten müssen zuverlässig halten, solange sie benutzt werden, und einfach zu lösen sein, wenn sie nicht mehr benutzt werden. Natürlich gibt es eine Unzahl verschiedener Knoten aus den unterschiedlichsten Bereichen des Lebens. Jeder Mensch hat seine bevorzugten Knoten. Für die hier beschriebenen Spiele kommt der Spielleiter aber grundsätzlich mit 3 Knoten aus, die diese Bedingungen erfüllen.

Der Ankerstich

Der *Ankerstich* verbindet Schlingen miteinander oder mit einem Ast oder ähnlichem.

Abb. 12: Ankerstich zum Verbinden von Schlingen

Abb. 13: Ankerstich zum Anschlagen einer Schlinge an einem Ast oder ähnlichem

Knoten

Der Palstek

Der *Palstek* erzeugt eine Öse am Seilende. Diese kann man entweder um einen Baum oder einen Ast herum bauen oder nach Fertigstellung des Knotens einen Karabiner in die damit entstandene Öse einklinken. Der Palstek lässt sich im Gegensatz zu den meisten anderen Knoten auch nach Belastung und bei Nässe leicht wieder lösen.

Abb. 14: Palstek

Der Mastwurf

Mit dem *Mastwurf* kann man ein Seil zuverlässig befestigen, vorausgesetzt, dass das Seil keiner wechselnden Belastung ausgesetzt ist, sondern ständig auf Zug ist. Ist diese Bedingung nicht erfüllt, sollte man den Mastwurf nicht einsetzen. Der Mastwurf lässt sich stecken oder werfen.

Abb. 15: Gesteckter Mastwurf

Der gesteckte Mastwurf wird um den Gegenstand, an dem das Seil befestigt werden soll, herumgebunden. Wirft man ihn, konstruiert man zuerst den Knoten und legt dann den Gegenstand ein. Am Ende steht jedoch in beiden Fällen derselbe Knoten. Es ist eine Frage der Anwendung, welche Variante zu bevorzugen ist.

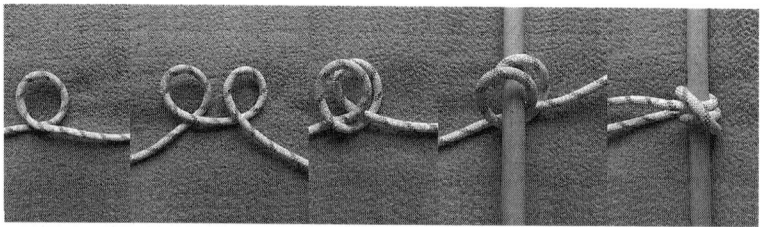

Abb. 16: Geworfener Mastwurf

Statik

Besondere Beachtung verdient eine Konstruktion, bei der ein Spieler auf einem gespannten waagerechten Gurt steht. Dadurch, dass die Gewichtskraft (G) des Spielers seitlich durch den Gurt abgeleitet wird, treten innerhalb des Gurtes Kräfte (F) auf.

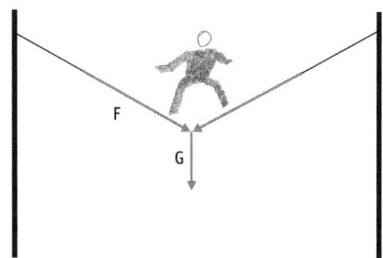

_____ Statik

Ist bei stark durchhängendem Gurt die Kraft längs des Gurts in etwa die Schwerkraft des Spielers ...

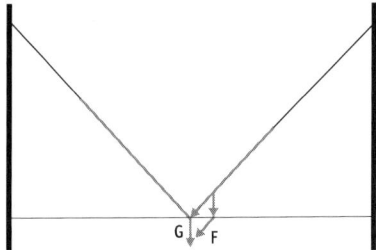

... steigt sie bei höherer Spannung stark an.

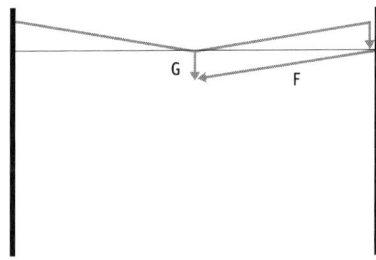

Mithilfe des Kräfteparallelogramms lässt sich diese Kraft berechnen:

$$F = \frac{G}{\sin \alpha}$$

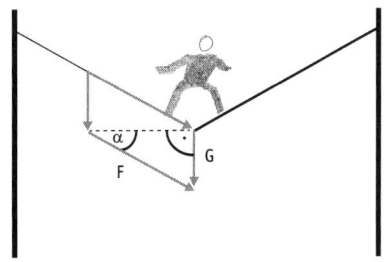

Ein Beispiel: Ein Seil von 10 m Länge gibt in der Mitte 10 cm nach, wenn ein Spieler von 80 kg darauf steigt.

$$\sin \alpha = \frac{10\ cm}{5\ m} = 0,02$$

Es ergibt sich: $F = \frac{80}{0,02} = 4000$

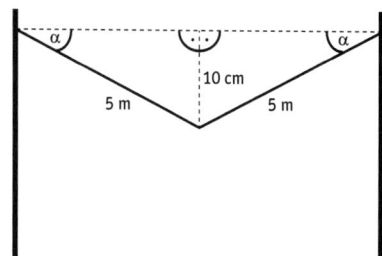

Ein Mensch von 80 kg Körpergewicht belastet das Seil mit 4000 kg. Das überfordert die meisten Materialien, zumal der Spieler sich bewegt und dadurch zeitweise höhere Kräfte erzeugt.

Wird dieses Seil allerdings nur so stark gespannt, dass es in der Mitte 50 cm durchhängt, sobald der Spieler darauf steht, ergibt die Berechnung $\sin \alpha = \frac{50\ cm}{5\ m} = 0,1$

$$F = \frac{80}{0,1} = 800$$

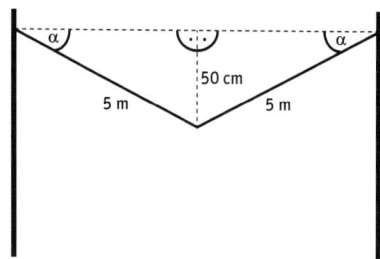

Ein Mensch von 80 kg Körpergewicht belastet das Seil folglich mit 800 kg.
Ein Durchhang von 50 cm bei einer Gurtlänge von 10 m entspricht 5 % der Länge. Bei diesen 5 % erzeugt der Spieler im Ruhezustand den zehnfachen Wert seiner Gewichtskraft. Mit dieser Belastung kommen die hier benutzten Materialien zurecht.

Baumschutz

Die Kräfte, die in einer Seilkonstruktion erzeugt werden, müssen die Bäume ertragen, an denen sie gespannt wird. Besonders empfindlich sind sie im Kambium (das ist die Schicht unterhalb der Rinde oder Borke), da hier der Wassertransport stattfindet. Diesen Wassertransport sollte man möglichst wenig beeinträchtigen. Besonders empfindlich sind Bäume im Frühling, da zu dieser Zeit der Wassertransport besonders intensiv ist.

Bäume mit dicken Stämmen sind widerstandsfähiger als Bäume mit dünnen Stämmen, Bäume mit Borke sind robuster als Bäume mit glatter Rinde.

Möchte man ein Seil zum Hangeln, Klettern oder Schwingen befestigen, sollte man eventuell eine Filzunterlage verwenden, da das Seil an der Rinde scheuert. Dadurch, dass bei dieser Anwendung keine starke Spannung aufgebaut wird, sind keine weiteren Schutzmaßnahmen nötig.

Wird aber ein Gurt angebracht, über den Spieler laufen, müssen die Bäume umfangreicher geschützt werden. Man sollte

- Schlingen mit breiter Auflagefläche verwenden (Rundschlingen statt Bandschlingen).
- Gummimatten unterlegen. Filzbahnen schützen zwar gegen Scheuern, den Druck verteilen sie aber nicht ausreichend.

- Stamm nicht vollständig umreifen; Ankerstich vermeiden. Das lässt dem Baum zumindest an der nicht belasteten Stelle die Möglichkeit zum Wassertransport. Der Winkel der Rundschlinge sollte am Schäkel maximal 60° betragen. Das hat für die Belastungen innerhalb des Aufbaus selbst statische Vorteile (siehe *Statik*).
- bei mehrmaligem Aufbau nicht immer dieselbe Stelle benutzen.
- dicke Bäume mit rauer Borke bevorzugen.
- Gurte nur so stark spannen wie unbedingt nötig.

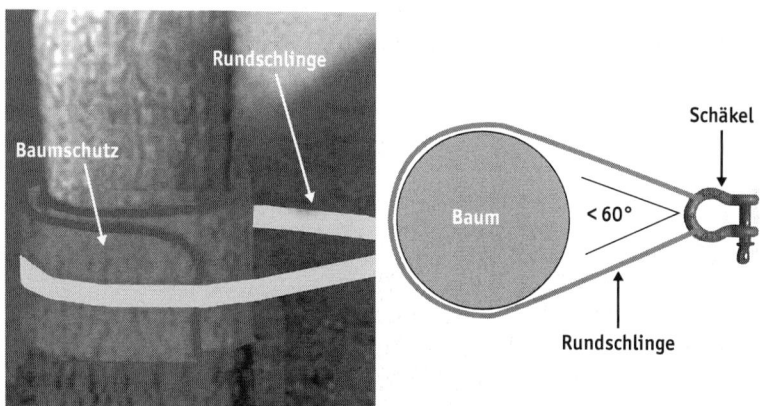

Obere Umlenkung oder oberen Fixpunkt einrichten

Bei einigen Spielen steht man vor dem Problem, ein Seil an einem hohen Ast zu befestigen, zum Beispiel, um daran zu schwingen. Das Seil selbst über den Ast zu werfen, wird schon bei einer geringen Höhe problematisch. Außerdem würde es den Ast im Gebrauch durch Bewegung daran schädigen. Es hat sich in diesem Fall bewährt, eine Bandschlinge mit Karabinern um den Ast zu legen, durch die man das Seil zieht.

Ist der Ast nicht waagerecht, muss die Bandschlinge dagegen gesichert werden, zum Stamm hin zu rutschen. Das kann dadurch sichergestellt werden, dass man sie an einer Stelle platziert, an der ein weiterer Ast das verhindert. Im Bild ist ein Ast zu sehen, der nach unten auswächst. Wird die Bandschlinge rechts von diesem über den dickeren Ast gelegt, liegt sie stabil.

Abb. 17: Optimaler Fixpunkt

Sollen Spieler am Seil hängen oder schwingen, muss der Ast, an dem das Seil befestigt werden soll, mindestens oberschenkeldick sein und so nah am Stamm wie möglich belastet werden. Es sollte aber ein Abstand zum Stamm eingehalten werden, um eine Berührung mit diesem zu vermeiden. Wie man ein Seil an einem hohen Ast befestigt, ohne in den Baum zu klettern oder eine Leiter zu benutzen, soll im Folgenden beschrieben werden.

Die Praxis Teil 2: Material und Technik

Das benötigte Material

1 Wurfbeutel mit Wurfleine. Die Wurfleine muss dabei mindestens die doppelte Länge der gewünschten Höhe haben. Das Werfen des Wurfbeutels muss ein paarmal geübt werden, um sicherzustellen, dass die Wurfleine exakt an der gewünschten Stelle landet.

Nach Gebrauch muss die Wurfleine wieder möglichst unverdreht in den Container gestopft werden. Auf keinen Fall sollte man sie in Schlingen legen oder aufwickeln, da sie sonst beim nächsten Wurf nicht sauber ausläuft, sondern verkrangelt und damit der Wurfbeutel in seiner Aufwärtsbewegung jäh gestoppt wird.

Abb. 18: Wurfbeutel mit Wurfleine

1 Bandschlinge und 2 Karabiner. Zwei Schraubkarabiner werden in die Bandschlinge eingeklinkt. Das ergibt den Fixpunkt über dem Ast.

Obere Umlenkung oder oberen Fixpunkt einrichten

Die Bandschlinge muss so lang sein, dass sie den Ast umfassen kann und beide Karabiner frei hängen können.

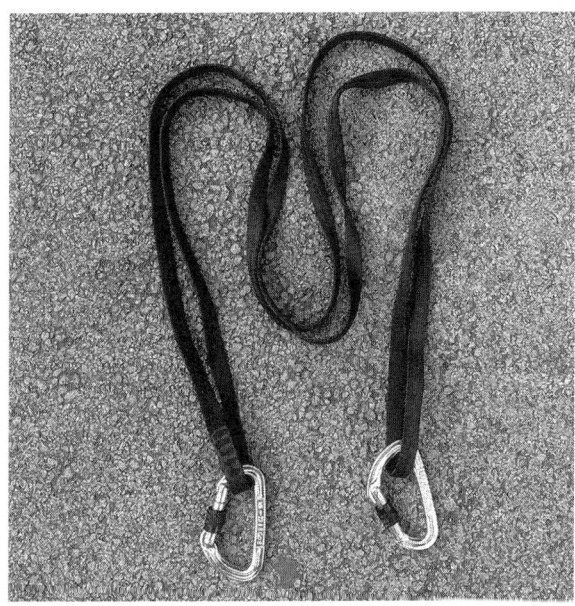

Abb. 19: Bandschlinge mit Karabinern

1 Gegenstand, der nicht durch die Karabiner passt und die Möglichkeit bietet, an die Wurfleine gebunden zu werden (hier ein Hundespielball, durch den eine Schnur gezogen wurde, in die am Ende eine Öse geknotet wurde). Mit diesem Gegenstand zieht man an der Wurfleine das Arrangement aus Bandschlingen und Karabinern auf. Der Gegenstand soll sich nicht im Ast verhaken, wenn er aufgezogen wird. Ansonsten sind der Fantasie kaum Grenzen gesetzt.

Die Praxis Teil 2: Material und Technik

Abb. 20: Ball mit Schnur

1 Seil. Zum Hangeln oder Schwingen kommt ein statisches Seil (Späleoseil) zum Einsatz, das eine geringe Dehnung hat. Soll eine obere Umlenkung statt eines Fixpunkts konstruiert und daran ein Kletterer gesichert werden, verwendet man ein dynamisches Seil (Kletterseil) mit definierter Dehnung. Damit können Stürze verletzungsfrei aufgefangen werden.

Außerdem braucht man eine Schnur von mindestens der Länge der gewünschten Höhe. Das kann Paketschnur oder Ähnliches sein; es werden kaum Anforderungen an sie gestellt.

Obere Umlenkung oder oberen Fixpunkt einrichten

Abb. 21: Schnur

Das Vorgehen

Bevor man einen Fixpunkt oder eine obere Umlenkung in einem Baum montieren kann, muss man sicherstellen, dass kein Totholz die Spieler gefährden kann. Lose Ästchen und ähnliche Dinge lassen sich mit der Wurfleine entfernen. Falls das nicht gelingt, sollte das Spiel an einer anderen Stelle aufgebaut werden. Danach geht man wie folgt vor:

Schritt 1: Der Wurfbeutel wird als Erstes an der richtigen Stelle über den Ast geworfen. Die daran befestigte Wurfleine muss mindestens die doppelte Länge der gewünschten Wurfhöhe haben, damit der Wurfbeutel sicher zum Werfer zurückfindet.

Schritt 2: Statt des Wurfbeutels wird ein Gegenstand in die Wurfleine gebunden, der nicht durch einen Karabiner passt.

Die Praxis Teil 2: Material und Technik

Abb. 22: Wurf

Abb. 23: Gegenstand an Wurfleine befestigen

Obere Umlenkung oder oberen Fixpunkt einrichten

Schritt 3: In eine Bandschlinge werden zwei Karabiner eingeklinkt. Diese werden sodann in die Wurfleine eingeklinkt, und zwar jeweils auf einer Seite des Astes. Sie werden zugeschraubt. Die Bandschlinge muss so lang sein, dass sie den Ast locker umreift.

Abb. 24: Wurfleine und Bandschlinge verbinden

Schritt 4: Die Schnur wird in die Bandschlinge eingebunden, und zwar direkt unterhalb des Karabiners, der nicht durch den Gegenstand aufgezogen wird. Diese Schnur dient dem Abziehen des Arrangements nach Beendigung des Spiels und muss mindestens die Länge der gewünschten Höhe zuzüglich einer Reserve zum Festbinden am Baumstamm haben.

Schritt 5: Die Wurfleine wird nun über den Ast gezogen, wobei sie Karabiner und Bandschlinge mit aufzieht. Am Ende der Aufziehphase werden die Karabiner über verschiedene Seiten des Astes gezogen. Die Wurfleine läuft weiterhin durch beide Karabiner.

Die Praxis Teil 2: Material und Technik

Abb. 25: Schnur an Bandschlinge befestigen

Abb. 26: Bandschlinge und Karabiner mit Wurfleine über den Ast ziehen

Schritt 6: Die Wurfleine wird wieder zum Boden abgelassen, der Gegenstand daraus entfernt. In die Wurfleine kann man nun mit 2 geworfenen Mastwürfen das Seil einbinden und es anschließend

Obere Umlenkung oder oberen Fixpunkt einrichten

durch die Karabiner ziehen. Sobald es auf beiden Seiten bis zum Boden hängt, löst man die Wurfleine aus dem Seil.

Abb. 27: Seil in die Wurfleine einbinden

Schritt 7: Als Letztes bindet man die Schur zum Abziehen des Arrangements am Stamm an, damit sie nicht im Weg ist, solange sie nicht gebraucht wird. Das Seil ist nun als obere Umlenkung einsatzbereit. Man kann nun zum Beispiel einen Kletternden sichern.

Möchte man das Seil zum Schwingen oder Hangeln als oberen Fixpunkt nutzen, braucht man also nur einen Strang, bindet man den anderen am Stamm an. Dazu empfiehlt es sich, eine Bandschlinge im Ankerstich um den Stamm zu legen und einen Palstek ins Seil zu binden. Bandschlinge und Seil verbindet man anschließend mit einem Karabiner, den man sicherheitshalber zuschraubt.

Die Praxis Teil 2: Material und Technik

Abb. 28: Angebundene Schnur

Schritt 8: Nach Beendigung des Spiels löst man als erstes ggf. den festgebundenen Strang des Seils und zieht es an einem Strang ab. Danach löst man die festgebundene Schnur und zieht mit ihr das Arrangement von Bandschlinge und Karabinern ab.

Obere Umlenkung oder oberen Fixpunkt einrichten

Abb. 29: Befestigtes Seil

Quellennachweise

Anonym (o.J.). *Abenteuer.* Bereitgestellt durch das Digitale Wörterbuch der deutschen Sprache. https://www.dwds.de/wb/Abenteuer [05.03.2025].
Anonym (o.J.). *Abenteuer.* https://www.wissen.de/wortherkunft/abenteuer [05.03.2025].
Anonym (o.J.). *Die Axiome von Paul Watzlawick.* https://www.paulwatzlawick.de/axiome.html [05.03.2025].
Anonym (o.J.). *Gruppendynamik.* https://www.duden.de/rechtschreibung/Gruppendynamik [05.03.2025].
Anonym (o.J.). *Gruppenrollen in der Gruppenpädagogik.* https://erzieher-kanal.de/gruppenrollen [05.03.2025].
Anonym (o.J.). *Kommunikation.* https://www.duden.de/rechtschreibung/Kommunikation [05.03.2025].
Anonym (o.J.). *Team.* https://www.duden.de/rechtschreibung/Team [05.03.2025].
Becker, F. (o.J.). *9 Teamrollen nach Belbin: Gute Rollenverteilung im Team?* https://wpgs.de/fachtexte/teamrollen-nach-belbin/ [05.03.2025].
Becker, F. (o.J.). *Die 16 größten Vorteile und Nachteile von Teamarbeit.* https://wpgs.de/fachtexte/gruppen-und-teams/teamarbeit-vorteile-nachteile/ [05.03.2025].
Belbin, R. M. (1981) *Management Teams: Why they succeed or fail.* Oxford: Butterworth-Heinemann.
Belbin® (2015). *Belbin For Students.* https://www.belbin.com/media/1335/belbin-for-lecturers.pdf [05.03.2025].
Benit, N., Soellner, R. (2022). *Kirkpatrick-Modell.* Dorsch Lexikon der Psychologie. https://dorsch.hogrefe.com/stichwort/kirkpatrick-modell/ [05.03.2025].
Bergengruen, C. (2021). *Was der Mensch beim Spielen lernt.* SWR Kultur. https://www.swr.de/swrkultur/wissen/was-der-mensch-beim-spielen-lernt-100.html [05.03.2025].
DeGEval – Gesellschaft für Evaluation e.V. (o.J.). *Standards für Evaluation.* https://www.degeval.org/fileadmin/content/Z03_Publikationen/DeGEval-Standards/DeGEval_Standards_fuer_Evaluation_kurz_2016.pdf [06.03.2025].
dehner academy (o.J.). *Teamarbeit - gemeinsam zum Erfolg.* https://www.dehner.academy/organisationale-resilienz/personalentwicklung/teamarbeit/ [20.03.2025]

Quellennachweise

DIHK | Deutscher Industrie- und Handelskammertag e. V. (2015). *Kompetent und praxisnah – Erwartungen der Wirtschaft an Hochschulabsolventen. Ergebnisse einer DIHK Online-Unternehmensbefragung.* https://www.neubrandenburg.ihk.de/fileadmin/user_upload/Aus_und_Weiterbildung/Umfragen/DIHK_Erwartungen_Hochschulabsolventen.pdf [05.03.2025].

Ellgring, J. H. (o.J.). *nicht verbale Kommunikation/nonverbale Kommunikation.* Dorsch Lexikon der Psychologie. https://dorsch.hogrefe.com/stichwort/nicht-verbale-kommunikation-nonverbale-kommunikation [05.03.2025].

Frey, K. (o.J.). *SOLE. Programm für soziales Lernen in der Schule.* https://schulnetz21-vszh.ch/globalassets/schulnetz21-zh.ch/downloads/ws5_infodossier-sole-workshop-5.pdf [05.03.2025].

Henning, C. (2020). *Die Zone der nächsten Entwicklung.* https://www.element-i.de/magazin/die-zone-der-naechsten-entwicklung/ [05.03.2025].

Herausfo(e)rderer (o.J.). https://www.herausforderung.eu/ [05.03.2025].

Hofert, S. (2015). *Chancen und Risiken der Teamarbeit. Was bringt Teamwork wirklich?* https://teamworks-gmbh.de/chancen-und-risiken-der-teamarbeit/ [05.03.2025].

Lewin, K. (1975). *Die Lösung sozialer Konflikte. Ausgewählte Abhandlungen über Gruppendynamik* (4. Auflage). Bad Nauheim: Christian-Verlag.

Mabey, C., Caird, S. (1999). *Building Team Effectiveness.* Milton Keynes: Open University.

Maier, G. W. et al. (2018). *Sozialkompetenz.* Gabler Wirtschaftslexikon. https://wirtschaftslexikon.gabler.de/definition/sozialkompetenz-43651/version-266979 [05.03.2025].

Mehrabian, A. (1981). *Silent messages: Implicit communication of emotions and attitudes.* Belmont, CA: Wadsworth.

Michl, W. (2015). *Erlebnispädagogik* (3., aktualisierte Auflage). München: Reinhardt Verlag.

Oerter, R. (2007). Zur Psychologie des Spiels. In: *Psychologie und Gesellschaftskritik,* 31(4), 7–32. https://www.ssoar.info/ssoar/bitstream/handle/document/29230/ssoar-psychges-2007-4-oerter-zur_psychologie_des_spiels.pdf [05.03.2025].

OUTWARD BOUND (o.J.). https://www.outwardbound.de/de/ [05.03.2025].

Project Adventure (o.J.). https://www.pa.org/ [05.03.2025].

Rapp, A. (o.J.). *Zone der nächsten Entwicklung.* Dorsch Lexikon der Psychologie. https://dorsch.hogrefe.com/stichwort/zone-der-naechsten-entwicklung [05.03.2025].

Sauer, F. H. (2018). *Abenteuer.* https://www.values-academy.de/abenteuer/ [05.03.2025].

Quellennachweise

Schad, N. (1993). Erleben und miteinander Lernen – Reflexionsmodelle in der Erlebnispädagogik. In: *erleben und lernen, Zeitschrift für handlungsorientierte Pädagogik,* 2&3 93, ISSN 042–4857.

Schulz von Thun, F. (1981). *Miteinander reden 1 – Störungen und Klärungen. Allgemeine Psychologie der Kommunikation.* Reinbek: Rowohlt.

Schulz von Thun, F., Zach, K., Zoller, K. (2012). *Miteinander reden von A bis Z. Lexikon der Kommunikationspsychologie.* Reinbek: Rowohlt.

Senninger, T. (2004). *Abenteuer leiten – in Abenteuern lernen* (5. Auflage). Münster: Ökotopia Verlag.

Shannon, C., Weaver, W. (1998). *The Mathematical Theory of Communication* (1. Auflage 1949). Champaign, IL: University of Illinois Press.

Spitzer, M. (2002). *Lernen – Gehirnforschung und die Schule des Lebens.* Heidelberg: Spektrum Akademischer Verlag.

Stübs, O. (o.J.). *Arbeiten im Team – Warum wir gemeinsam nicht zwingend stärker sind.* https://www.drsp-group.com/direct-executive-search/insights/detail/news/arbeiten-im-team-warum-wir-gemeinsam-nicht-zwingend-staerker-sind/ [05.03.2025].

Tuckman, B. W. (1965). Developmental sequence in small groups. In: *Psychological Bulletin,* 63, S. 384–399.

Van den Hoeven, I. (o.J.). *Kongruenz.* https://www.blickpunkt-erziehung.at/inkongruenz/ [05.03.2025].

Wanninger, K. (2023): *Asynchrone Kommunikation – Schwierigkeiten und Tipps.* https://www.hs-osnabrueck.de/fileadmin/HSOS/Homepages/LearningCenter/Dateien/Toolbox/TuE/Asynchrone_Kommunikation.pdf [05.03.2025].

Witte, E. H. (2005). *Soziale Beziehungen, Gruppen- und Intergruppenprozesse* (Hamburger Forschungsberichte zur Sozialpsychologie (HaFoS), 64). Hamburg: Universität Hamburg, Fak. für Erziehungswissenschaft, Psychologie und Bewegungswissenschaft, FB Psychologie, Arbeitsbereich Sozialpsychologie. https://d-nb.info/1192042409/34 [05.03.2025].

ZSL (Baden-Württemberg Zentrum für Schulqualität und Lehrerbildung) (o.J.). *Lösung: Behauptungen zum Thema »nonverbale Kommunikation«.* https://lehrerfortbildung-bw.de/u_sprachlit/deutsch/bs/6bg/6bg2/2themeneinheit/5bedeutung/2loesung/ [05.03.2025].

zvoove Software Germany (2017). *Team-Psychologie: Soziales Faulenzen und andere Gruppenphänomene. Chancen und Risiken der Teamarbeit.* https://zvoove.de/wissen/blog/team-psychologie-soziales-faulenzen-und-andere-gruppenphanomene [05.03.2025].

Anhang

Anhang 1 Verlegeplan der Holzfliesen für »Im Treibsand«

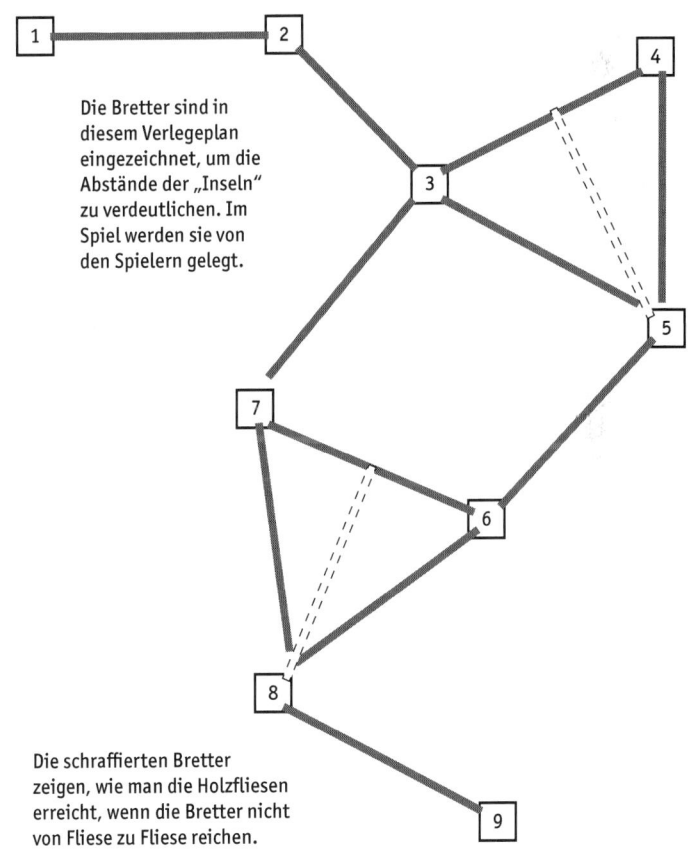

Die Bretter sind in diesem Verlegeplan eingezeichnet, um die Abstände der „Inseln" zu verdeutlichen. Im Spiel werden sie von den Spielern gelegt.

Die schraffierten Bretter zeigen, wie man die Holzfliesen erreicht, wenn die Bretter nicht von Fliese zu Fliese reichen.

Anhang

Anhang 2 Symbole zum Ausdrucken

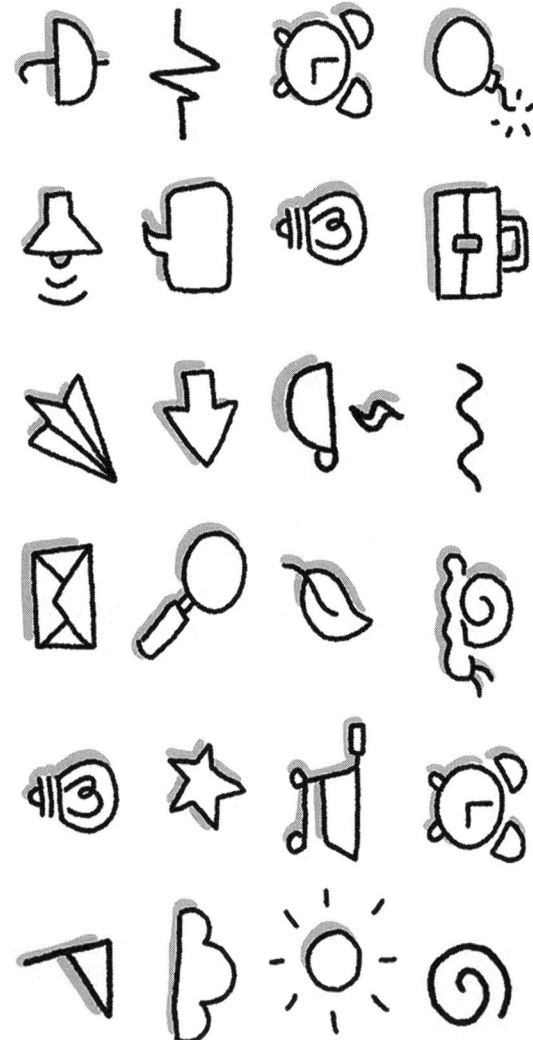

142

Anhang 3 Zielscheibe zur individuellen Reflexion

Du kannst in jedes der 4 Kreissegmente einen Punkt malen. Ist dieser Punkt näher am Zentrum, stimmst du der Aussage dieses Segments eher zu. Ist er weiter entfernt, stimmst du ihr eher nicht zu.

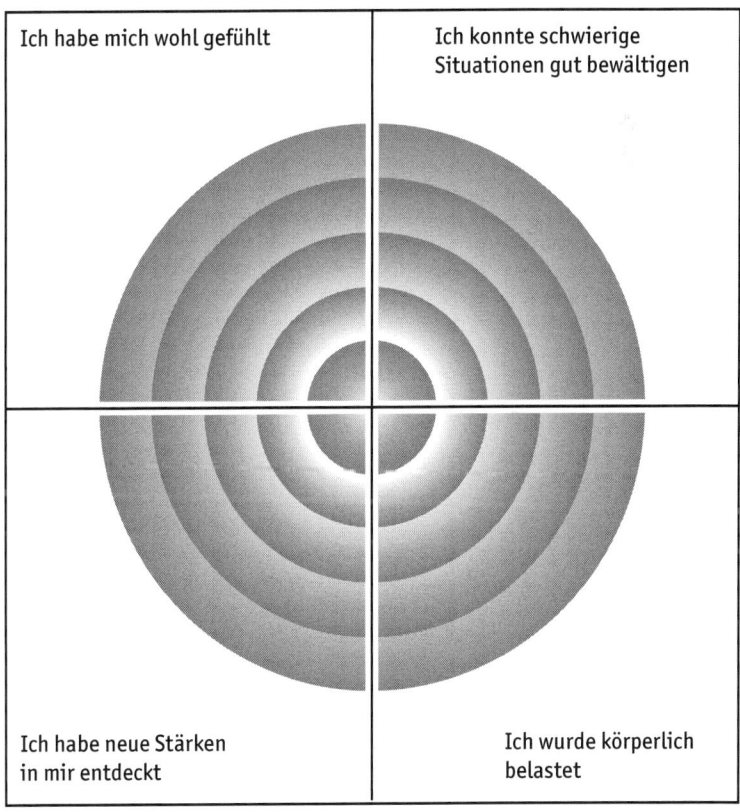

Anhang 4 Zielscheibe zur Gruppenreflexion

Du kannst in jedes der 4 Kreissegmente einen Punkt malen. Ist dieser Punkt näher am Zentrum, stimmst du der Aussage dieses Segments eher zu. Ist er weiter entfernt, stimmst du ihr eher nicht zu.

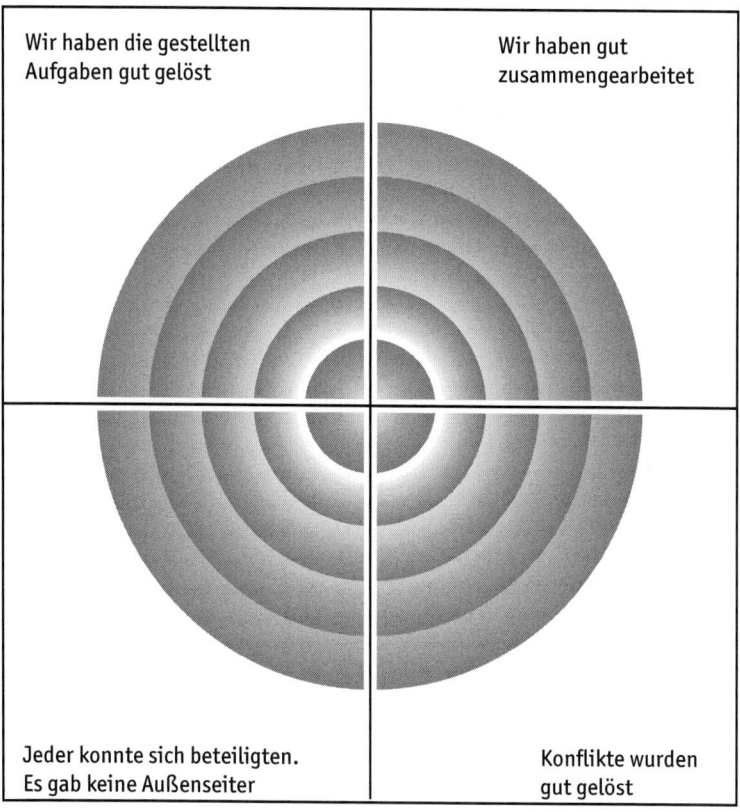

Anhang 5 Rückmeldung

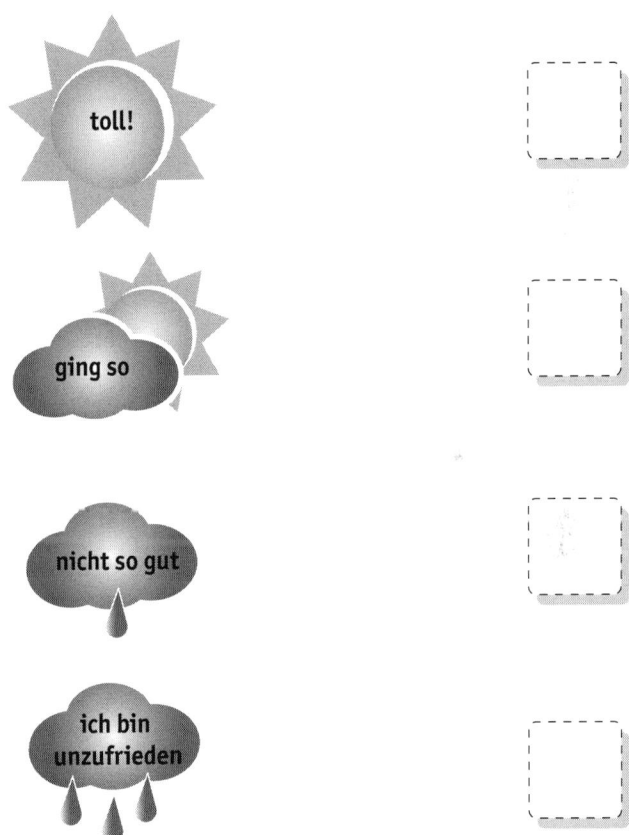

Spieleindex

A

Aladdins Wunderlampe 94
Alles Gute kommt von oben 82
Auf die Minute pünktlich 100
Auseinander! 92

B

Ballonparcours 84
Balltransport 81
Bombenentschärfung 75
Brennelemente bergen 89

C

Copy Shop 105

D

Das Blatt wendet sich 84
Das Förderband 64
Das Spinnennetz 79
Der Elektrozaun 87
Der Gordische Knoten 62
Der richtige Dreh 102
Der Zauberstab 78

E

Dichterwettstreit 88
Die Hängebrücke 64
Die Himmelsleiter 68
Die Quadratur des Kreises 85
Duell 59
Dunkelziffer 111

E

Eisschollenspringen 102

F

Flussüberquerung 78

G

Gruppenfoto 99

H

Halma für Anfänger 83
Hoch hinaus 91

Spieleindex

I

Im Treibsand   86

J

Jeder zählt!   107

K

Katastrophe im Kraftwerk   112
Komm' doch mal runter!   110

M

Memory   100
Minesweeper   66
Minesweeper 2.0   106
Mohawk Walk   92

N

Night Line   66

O

Odakim – Mikado verkehrt   84
Ordnung muss sein!   60

P

Prost!   80
Puzzle   99

R

Reif für die Insel   89

S

Seitenwechsel   74
Seitenwechsel 2.0   103
So weit, so gut   80
Spione unter sich   90
Swing   91
Symbolpolitik   106

T

Tiramisu   96
Transporter   77
Twister   76

U

Unglaublich – aber auch wahr?   59

V

Von Fall zu Fall   71

W

Wasser marsch!   77
Weißt du noch ...   81
Wildwechsel   61

Z

Zahlen, bitte!   108